Rüdiger Gográfe

Syrien

Aufnahmen von
Klaus Obermeier

Hirmer Verlag München

Auf dem Umschlag: Die Kolonnadenstraße von Apamea

Die Deutsche Bibliothek – CIP-Einheitsaufnahme

Syrien / Rüdiger Gogräfe. Aufnahmen von Klaus Obermeier. –
München : Hirmer, 1995
ISBN 3-7774-6770-7
NE: Gogräfe, Rüdiger; Obermeier, Klaus

Lektorat: Joachim Willeitner, München
Umschlaggestaltung: Dieter Vollendorf, München
Satz: Layout & Grafik 1000 GmbH, München
Lithographie: Imago, Thame
Druck und Bindung: EBS, San Giovanni Lupatoto
Printed and bound in Italy

ISBN 3-7774-6770-7

Inhalt

Geographischer Überblick

Syrien ist ein Land des Übergangs. Dies drückt sich aus in seinem vielfältigen Landschaftsspektrum, das von der Mittelmeerküste im Westen bis zum Zweistromland zwischen Euphrat und Tigris im Osten sowie vom Taurusgebirge im Norden zu den Steppen und Wüstengebieten Arabiens im Süden bzw. Südwesten reicht. Das geographische Relief bedingt dabei bedeutende klimatische Unterschiede, von denen – vergröbert gesagt – die Abnahme des Niederschlages von Westen nach Osten das wichtigste Charakteristikum ist. Das Niederschlagsgefälle wiederum brachte zu allen Zeiten unterschiedliche wirtschaftliche Gegebenheiten und soziale Gefüge hervor, von denen der Gegensatz zwischen den nomadisch lebenden Beduinen der Steppe und den seßhaften Bauern bzw. Städtern im »Fruchtbaren Halbmond« der historisch bedeutsamste ist. Diese natürlichen Voraussetzungen, der wechselseitige Austausch und die Spannung unterschiedlicher Lebensweisen, Völker und politischer Gebilde bestimmten stets die Geschichte und Kultur Syriens.

Bereits eingangs ist darauf hinzuweisen, daß dieses geographische Gebilde unterschiedliche Namen trug, die auch heute noch teilweise gebräuchlich sind. Die Bezeichnung »Syrien« taucht dabei erstmals bei dem griechischen Historiker Herodot im 5. Jh. v. Chr. auf, der hiermit die achämenidische Satrapie in Westsyrien, Libanon und Palästina meint. Wir wissen jedoch nicht genau, woher Herodot diese Benennung hatte, doch ist der lautliche Anklang an die weit ältere Bezeichnung der »Assyrer«, die seit dem 2. Jtd. v. Chr. ihre mächtigen aufeinanderfolgenden Reiche mit Schwerpunkt im Iraq besaßen, nicht zu übersehen.

Für die aramäisch sprechende Bevölkerung im westlichen Landesteil und überhaupt im »Fruchtbaren Halbmond« ist es das Land »Aram«; doch war diese semitische Bevölkerungsgruppe, die lange Zeit die eigentliche Populationsbasis bildete, nie zu einer mächtigen und dauerhaften Staatenbildung in der Lage: Nacheinander stand sie unter der Herrschaft der verschiedenen mesopotamischen, persischen, griechischen, römischen und dann arabischen Machthaber.

Für die muslimischen Araber schließlich ist, von Mekka aus gesehen, Syrien das Land zur Linken, al-Cham, im Gegensatz zum Land zur Rechten, al-Yamin, dem Jemen. Damit umfaßt diese Definition – ähnlich der bereits bei Herodot beschriebenen persischen Satrapie – auch Jordanien, Palästina und den Libanon. Entsprechend bildete sich der Begriff eines »Groß-Syriens« heraus, der diese heute politisch selbständigen Gebiete mit umschließt.

Hiermit ist bereits die enge geschichtliche Verflechtung des heutigen Syrien mit all seinen Nachbarn angedeutet. Aus diesem Grund kann eine historische Darstellung des Landes nicht an seinen heutigen Grenzen Halt machen. Ohne die Einbeziehung Mesopotamiens, Anatoliens, der Levante, der Arabischen Halbinsel, des Libanon, Jordaniens und Palästinas kann Wesentliches nicht erklärt und verstanden werden, würden Bezugspunkte fehlen.

Die Natur des Landes

Die Mittelmeerküste Syriens wird von hohen Gebirgszügen begleitet, zwischen denen vereinzelte Ost-West-Passagen wichtige Handelsverbindungen von Asien und der Arabischen Halbinsel zum Meer hin darstellen. Die nördlichste dieser Gebirgsketten liegt noch in der heutigen Türkei: Der bis über 2000 m hohe Amanos reicht von Norden bis etwa auf die Höhe von Antakya hinunter, wo

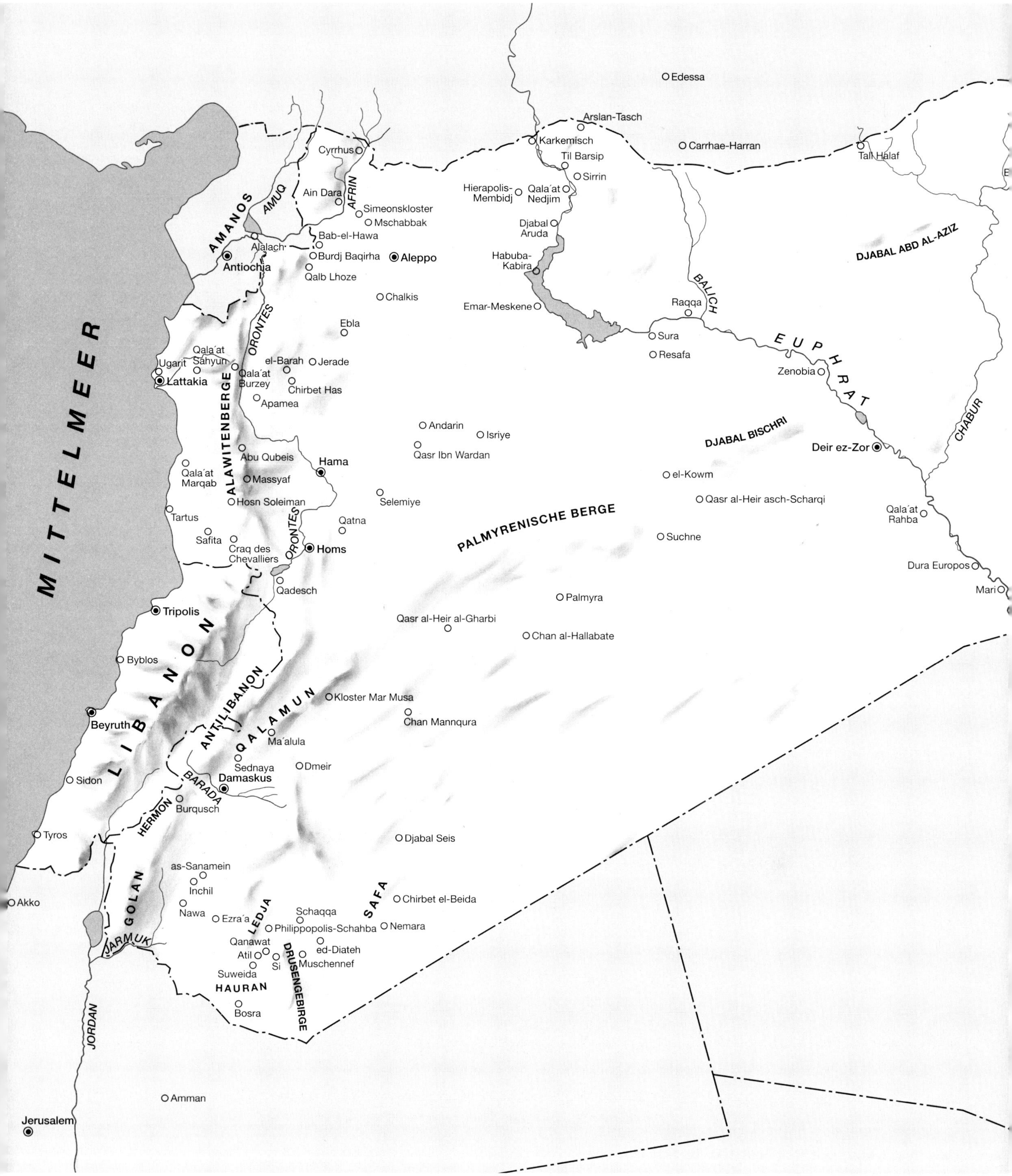

Edessa
Arslan-Tasch
Karkemisch
Carrhae-Harran
Tall Halaf
Til Barsip
Sirrin
Cyrrhus
AMUQ
AFRIN
Ain Dara
Simeonskloster
Mschabbak
Hierapolis-
Membidj
Qala´at
Nedjim
AMANOS
Bab-el-Hawa
Alalach
Burdj Baqirha
Aleppo
Antiochia
Qalb Lhoze
Djabal
Aruda
Habuba-
Kabira
DJABAL ABD AL-AZIZ
Chalkis
Emar-Meskene
BALICH
Raqqa
Ebla
Sura
Resafa
EUPHRAT
MITTELMEER
Qala´at
Sahyun
Ugarit
Lattakia
ORONTES
el-Barah
Jerade
Qala´at
Burzey
Chirbet Has
Apamea
Zenobia
ALAWITENBERGE
Andarin
Isriye
DJABAL BISCHRI
Deir ez-Zor
CHABUR
Abu Qubeis
Qasr Ibn Wardan
Qala´at
Marqab
Hama
Massyaf
el-Kowm
Hosn Soleiman
Selemiye
Qasr al-Heir asch-Scharqi
Tartus
Qatna
PALMYRENISCHE BERGE
Qala´at
Rahba
Safita
Craq des
Chevalliers
ORONTES
Homs
Suchne
Dura Europos
Qadesch
Mari
Palmyra
Tripolis
Qasr al-Heir al-Gharbi
Chan al-Hallabate
Byblos
LIBANON
ANTILIBANON
QALAMUN
Kloster Mar Musa
Beyruth
Chan Mannqura
Ma´alula
Sednaya
Dmeir
Sidon
Damaskus
BARADA
HERMON
Burqusch
Tyros
Djabal Seis
as-Sanamein
Inchil
Akko
GOLAN
Nawa
Ezra´a
LEDJA
Schaqqa
SAFA
Chirbet el-Beida
Philippopolis-Schahba
Nemara
JARMUK
Qanawat
Atil
ed-Diateh
Si
Muschennef
DRUSENGEBIRGE
Suweida
HAURAN
Bosra
JORDAN
Amman
Jerusalem

sich das Tal des Orontes seinen Weg vom Landesinneren zur Küste und dem antiken Hafen Seleukia bahnt.

Hieran schließt sich der zumeist unter dem Namen Alawitengebirge bekannte Höhenzug an. Er wird an der heutigen libanesischen Grenze durch eine Senke, die sich in das Landesinnere in Richtung Homs hinzieht, gegen Süden abgeschlossen. Nicht zuletzt die berühmteste Kreuzritterburg, der Craq des Chevaliers, sicherte diesen Paß.

Als dritter Abschnitt folgen der Libanon und der im Osten parallel zu ihm verlaufende Antilibanon, die mit stellenweise über 3000 m Höhe die mächtigsten Gebirgsbarrieren zwischen dem Meer und dem Landesinneren darstellen. Zwischen diesen beiden Bergketten liegt die bekannte Biqa'a-Ebene, bei der der Orontes entspringt, der wichtigste Fluß im Westen Syriens. Nach Süden wird der Antilibanon seinerseits durch das über 2800 m hohe Hermonmassiv fortgesetzt, welches wiederum nach Süden zum Toten Meer hin in den Golanhöhen ausläuft. Hier, gleichzeitig an der Stelle der heutigen jordanischen Grenze, trennt der tiefe Einschnitt des Jarmuk den Golan und den jordanischen Ajlun voneinander. Die doppelte Gebirgskette von Libanon und Antilibanon wird nördlich von Damaskus noch von einer dritte Kette, dem Qalamun, begleitet, welche nach Nordosten in Richtung Palmyra ausläuft.

Gerade die regenreichen Westhänge dieser Gebirge weisen subtropische, mediterrane Vegetation auf. Die Sommer sind hier feucht und heiß, ohne daß ein Lüftchen Linderung brächte. Der nur selten fallende Sommerregen bewirkt zudem keine Abkühlung, sondern erhöht nur die unerträgliche Schwüle.

Meist reicht das fruchtbare Ackerland bis unmittelbar an das Meer; nur an wenigen Stellen, wie bei Lattakia, gibt es Sandstrand, etwas weiter nördlich bei Ras al-Basit eine interessante Steilküste. Viele Küstenbewohner, besonders aus dem Libanon, ziehen in den heißen Monaten die Flucht in die Berge vor, wo mancher kühle Ort Erfrischung gewährt.

Hinter diesen Gebirgszügen liegen besonders im Norden und in der Mitte Syriens fruchtbare Ackerebenen, lediglich nördlich von Damaskus hält die dreifache Gebirgskette soviel Niederschlag vom Landesinneren ab, daß dort die Steppe am weitesten nach Westen vordringt und direkt an die Ausläufer des Gebirges reicht. Dem Qalamun östlich vorgelagert ist sogar noch ein vierter Gebirgszug, welcher ungefähr ab Damaskus nach Nordosten bis Palmyra verläuft. Nicht von ungefähr markierte diese letzte Bergkette auch die Grenze des Römischen und Byzantinischen Reiches gegen die offene Steppe, die erst jenseits der syrischen Grenze in eine wirkliche Wüste übergeht. Nur einzelne Hochebenen, wie jenes schon in der Altsteinzeit bewohnte Plateau bei Jabrud, bieten hinreichend Fruchtbarkeit, um auf ihnen dauerhaft zu siedeln. Andere Dörfer, wie das bekannte Ma'alula, schmiegen sich in verschiedene, teils klammartige Taleinschnitte, wo einzelne Quellen noch Wasser zum Leben bieten. Erst seit jüngstem verfügt hier die Bevölkerung über moderne Bewässerungsmethoden.

Südlich von Damaskus erstreckt sich hinter den Golanhöhen die Ebene des Hauran. Sie ist dicht mit schwarzen vulkanischen Basaltblöcken überzogen und an einer weiteren Stelle von einer trostlosen Lavawüste, der Ledja, eingenommen. Die Gegend wirkt wegen ihres dunklen und steinigen Charakters zuerst feindlich und abweisend, doch sind die vielfach zutage tretenden roten Böden zwischen den vulkanischen Ablagerungen äußerst fruchtbar.

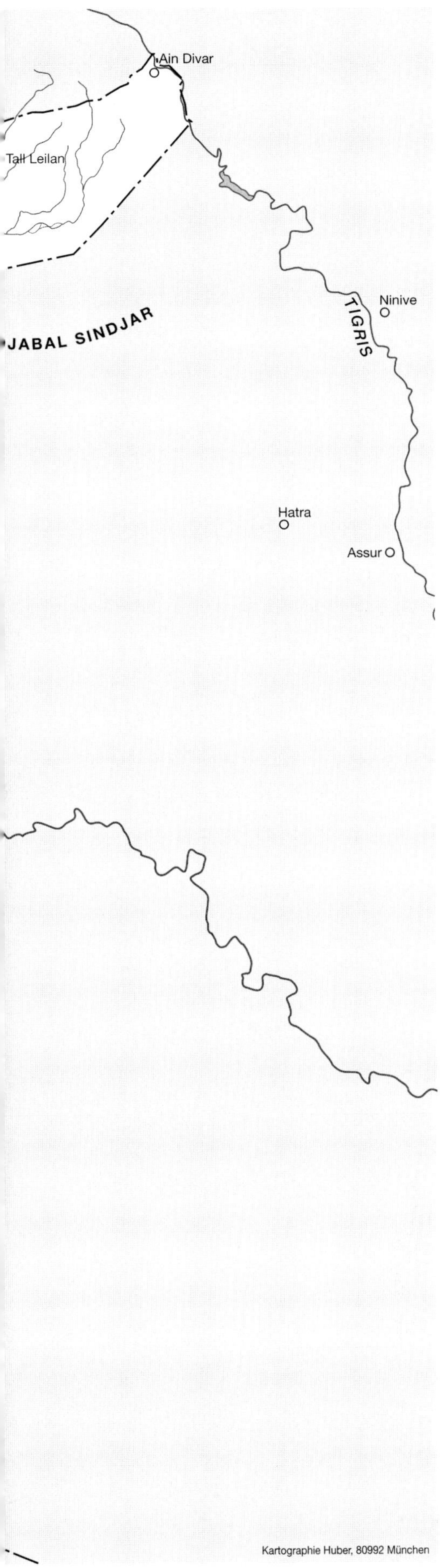

Abb. 1: Karte Syriens mit den wichtigsten im Text genannten Orten.

Der »Fruchtbare Halbmond«

Die eigentlichen und großen syrischen Ackerbauebenen liegen jedoch hinter dem Amanos und dem Alawitengebirge: Es sind zunächst die Amuq-Ebene in der heutigen Türkei und das Ghab in Mittelsyrien. Durch beide fließt der Orontes und ermöglicht eine ganzjährige problemlose Bewässerung. Das Ghab stellt die Fortsetzung desjenigen Grabenbruchs dar, der den meisten Lesern vom Jordantal bekannt sein wird. An seiner östlichen Abbruchkante liegt – am Platz des älteren Qala'at al-Mudiq – Apamea, eine der vier wichtigsten griechischen Städtegründungen im hellenistischen Syrien. Antiochia, das heutige Antakya, bedeutendste Stadt Syriens in griechischer, römischer und byzantinischer Zeit und neben Rom und Alexandria die Metropole der Antike, liegt am westlichen Ausgang der Amuq-Ebene, wo der Orontes zum Mittelmeer fließt.

Hinter dieser topographischen Zone im Westen, die man noch ohne weiteres als mediterran bezeichnen möchte, ändert die Landschaft ihren Charakter und verlief auch die politische Geschichte oftmals anders als im westlicher gelegenen Landesteil. Zumeist setzt eine sanfte hügelige Landschaft mit nach wie vor sehr fruchtbaren Böden ein, doch erfordert deren Bewässerung aufgrund der geringeren Regenmengen schon aufwendigere Maßnahmen. Diese Zone beschreibt zu Euphrat und Tigris hin einen großen Bogen, der bis in den heutigen Iraq reicht.

Die geschwungene Form führte zu der Bezeichnung »Fruchtbarer Halbmond«, der die Wiege aller altorientalischen Hochkulturen ist. Es ist das Land der unzähligen Talls, jener Siedlungshügel, die durch das zähe Festhalten seiner Bewohner an ein und derselben Stelle zu der enormen Ansammlung von Siedlungsschichten führte – eben bis ein ganzer Hügel angehäuft war. Hier liegen die alten orientalischen Städte Damaskus, Hama oder Aleppo, um nur die größten der heute noch bewohnten Orte zu nennen. Je nach politischer Situation und Sicherheit schwankte das Schicksal dieser ökologisch empfindlichen Landschaft zwischen Kultivierung und Versteppung, wurde der innere Bogen des »Fruchtbaren Halbmondes« mehr in den Nordwesten zurückgedrängt oder ließ sich in den Südosten bis an den Nordrand der palmyrenischen Berge ausdehnen. Die Täler des Euphrat und seiner wichtigsten Nebenflüsse Balich und Chabur weisen dabei natürlich die beeindruckendste Menge wichtiger Siedlungshügel auf, doch begegnet man ihnen auch in heute völlig verödeten Landstrichen.

Nach Ostjordanien und zum Iraq hin, etwa östlich der Straße Damaskus – Palmyra – Deir ez-Zor, beginnt die eigentliche großflächig zusammenhängende Steppe. Nur vereinzelte Gebiete westlich hiervon, wie zwischen Isriye und dem Djabal Bischri, weisen ähnlichen Charakter auf, doch waren diese von zahlreichen Siedlern zu verschiedenen Zeiten immer wieder aufgesucht worden – wie auch jetzt wieder versucht wird, sie mehr und mehr urbar zu machen. Ähnliches ließe sich über die Djazira jenseits des Euphrat sagen, wo der Lebensraum der Beduinen immer weiter eingeschränkt wird.

Vulkanische Landschaften

Diese Grobeinteilung Syriens wäre unvollständig, wollte man nicht auch die zahlreichen regionalen Sondergebiete berücksichtigen, die aufgrund ihrer speziellen natürlichen Gegebenheiten zu verschiedenen Zeiten besondere kleinräumige und charakteristische Kultureinheiten hervorbrachten.

Die basaltüberdeckte Ebene des Hauran im Süden Syriens wurde schon genannt. Diese von vulkanischer Vergangenheit geprägte Landschaft reicht im Westen bis auf den Golan und im Süden einige Kilometer über die heutige jordanische Grenze hinaus. Im Norden erreicht sie praktisch den Rand des modernen Damaskus und nach Osten erstreckt sie sich über viele Kilometer über das heute Djabal al-Arab genannte Drusengebirge hinaus. Dort, am Ostabhang dieser bis zu 1803 m hohen Berge, führen tief in den schwarzen Basalt eingeschnittene Wadis in die sogenannte Safa, eine schwer zugängliche und trostlose schwarze Basaltwüste mit unzähligen Vulkanen, in der man sich in die Urzeit der Erde zurückversetzt fühlen kann.

Das benachbarte und nach den Drusen benannte Gebirge ist noch mit reichlichem Niederschlag gesegnet, der im Winter ab 1000 m Höhe vielfach in Form von Schnee fällt; es wird heute intensiv kultiviert. Nur wenige Regenwolken ziehen jedoch über das Gebirge nach Osten in die Safa; dafür führen aber große Wadis, wie beispielsweise der Wadi Cham, bisweilen ergiebige Wassermengen aus den Bergen über mitunter mehr als 60 km in die Basaltwüste. Hier sammelt sich das Wasser in sandigen Niederungen und läßt damit eine erstaunlich üppige Vegetation zu: so weiden in der Ruhba genannten Senke bei Nemara im Winter und Frühjahr große Kamelherden. Sie und ihre Besitzer, die Beduinen, finden von Osten her, aus der syrisch-arabischen Steppe, leichten Zugang in dieses Gebiet. Abrupt endet nach einigen weiteren Kilometern die basaltüberdeckte Safa, und es beginnt die flache bis leicht hügelige syrische Steppe, ohne daß diese durch irgendwelche landschaftlichen Reize anziehend wirken könnte.

Syrien hat viele Landstriche aufzuweisen, deren vulkanische Vergangenheit durch das Vorhandensein von Basalt- oder Lavafeldern augenfällig ist: so liegt Homs am östlichen Rand einer solchen mit Basaltbrocken überdeckten Landschaft; nördlich von Hama und Selemiye ist es der sogenannte Djabal il-Ala und südöstlich von Aleppo der Djabal Sbeit. Bisweilen begegnet man auch einem isoliert stehenden schwarzen Bergkegel vulkanischen Ursprungs in einer ansonsten völlig anders strukturierten Gegend. Alle diese Gebiete brachten eine auffällige und eigentümliche Kunst und Kultur hervor, die sich an dem hart und mühselig zu bearbeitenden Stein versuchte und aus diesem Grunde notgedrungen schwerfällig wirkt.

Das nordwestliche Kalksteinmassiv

Das Gebiet der »Toten Städte« zwischen Apamea und Aleppo ist in vergleichbarer Weise ausgezeichnet, nur ist es hier der allgegenwärtige helle Kalkstein, der die Kultur und die in unvergleichlicher Dichte überlieferten Denkmäler jener Gegend kennzeichnet, für die sich auch der Begriff Kalksteinmassiv eingebürgert hat. Apamea liegt an ihrem südwestlichsten Ausläufer, von wo aus sich das Gebirgsmassiv entlang dem Ghab nach Norden zieht, um dann ab Djisr asch-Schoghur den Orontes bis zur türkischen Grenze unmittelbar zu flankieren. Dort schert es als östlicher Rand der Amuq-Ebene nach Nordosten aus, begleitet das Afrin-Tal und erreicht am gleichnamigen Ort seinen nördlichsten Punkt. Vielfach hebt sich das Kalksteinmassiv als regelrechter Klotz in deutlichster Schärfe von den grünen Ebenen des Orontes und Amuq ab, so daß dem von Westen kommenden Betrachter in kaum zu überbietender Plastizität deutlich wird, woher dieses Gebirge seinen Namen hat. Gegen Osten läuft es meist flach gegen das nordsyrische Ackerland aus; eine scharfe Grenze läßt sich hier vielfach nicht ziehen oder auf Anhieb erkennen. Es reicht jedoch, bis auf wenige Ausnahmen, kaum über die heutige Autobahn Aleppo – Damaskus hinaus.

Von den Anfängen bis zu Alexander dem Großen

Die prähistorische Zeit

Die vorgeschichtliche Epoche umfaßt all jene Perioden der Menschheit, aus denen keine schriftlichen Überlieferungen vorliegen, in der die Menschen und Völker für uns namenlos bleiben und wir mit rein technischen Termini unsere Vorfahren und deren Kultur beschreiben müssen. Auf diese Weise kommen Bezeichnungen wie Stein-, Bronze- oder Eisenzeit zustande, je nach den charakteristischsten Möglichkeiten der damaligen materialverarbeitenden Technologie. Leiten im Vorderen Orient schon ab dem 3. Jtd. v. Chr. Schriftzeugnisse die historische Epoche ein und bieten uns somit die Möglichkeit, neben die rein technischen auch historische Begriffe zu setzen, so bleibt man in Europa noch wesentlich länger auf die prähistorische Terminologie angewiesen.

Paläolithikum

Über die mit großem Abstand längste Epoche der Menschheit ist am wenigsten bekannt. Dies gilt auch und gerade für Syrien, wo die Erforschung der Altsteinzeit erst eine junge Tradition hat. Sie wurde immerhin von dem Deutschen Alfred Rust begründet, der in einem Tal bei Jabrud, ca. 80 km nördlich von Damaskus, unter Felsüberhängen erste Grabungen in den 30er Jahren durchführte. Die zahlreichen, damals vermutlich noch mehr Wasser führenden Täler des Qalamun mit ihren vielen Felsüberhängen und Höhlungen stellten sicherlich ideale Behausungen für die frühen Sammler und Jäger dar. Die ältesten syrischen Fundstellen wurden neuerdings im mittleren Orontestal und im Tal des Nahr al-Kebir nordöstlich von Lattakia nachgewiesen. Spätere altsteinzeitliche Lagerplätze verteilen sich über das gesamte Land einschließlich der heutigen Steppe, die damals sicherlich stärker bewaldet war als heute, wo ein Baum eine ausgesprochene Seltenheit ist.

Neolithikum (ca. 8500–4000 v. Chr.)

Die sogenannte neolithische Revolution war der wohl entscheidendste Schritt der Menschheit in der Entstehungsgeschichte der Kulturen. Drei wesentliche Faktoren begannen sich damals zu ändern: Man wurde seßhaft und baute sich Hütten, man konnte sich nun um die Kultivierung von Pflanzen und die Zähmung von Tieren kümmern, und man benötigte schließlich Vorratsgefäße, was zur Herstellung von Keramik führte. All diese Faktoren bedingen sich gegenseitig und ziehen ihrerseits weiteres nach sich: Die Bedingungen für ein verstärktes Bevölkerungswachstum verbesserten sich schlagartig, die gesamten Umstände begünstigten die Gründung von Siedlungen einer größeren Gemeinschaft sowie das Entstehen eines differenzierteren Handwerks zum Hausbau, zur Geräte- und Textilherstellung, zur Nahrungsmittelverarbeitung.

Diese Schritte scheinen sich im Nahen Osten früher als anderswo in der Welt abgespielt zu haben. An verschiedenen Stellen in Syrien ließen sie sich archäologisch nachvollziehen. Einer dieser Plätze ist der ab etwa 8000 v. Chr. besiedelte Tall Aswad, wohl nicht zufällig in der von der Natur so begünstigten Oase von Damaskus gelegen, die hauptsächlich vom Barada – dem antiken Chrysoroas – und dem Nahr al-Awadsch – dem Pharphar des Alten Testaments – mit Wasser aus dem Antilibanon und dem Hermon gespeist wird. Dort, wo diese Flüsse die Schluchten des Gebirges verlassen, teilen sie sich in vielerlei Arme und laufen einige Kilometer östlich von Damaskus in den »Wiesenseen« aus. Die vor allzu starken Witterungsschwankungen geschützt gelegene Oase tritt heutzutage als solche nicht mehr so klar wie in früheren Jahren hervor und droht mehr und mehr von der modernen Millionenmetropole verschluckt zu werden. Doch kann man sich an einigen Stellen nach wie vor vorstellen, daß sie in früheren Zeiten als ein Paradies erschienen sein mußte, wie es Jahrtausende später in den Mosaiken im Hof der Umaiyadenmoschee ihren Ausdruck fand. Ob auch Damaskus selbst in dieser Zeit bereits besiedelt war, läßt sich mangels archäologischer Untersuchungen nicht ermitteln.

Abb. II: Der Barada in Damaskus. Stahlstich aus dem 19. Jh.

Andere Siedlungen wurden hauptsächlich im Euphrattal untersucht, und sie zeigen uns, daß bereits im 7. Jtd. v. Chr. Dörfer aus zahlreichen Lehmziegelhäusern entstanden waren. Die Ausgrabungsstätten können in der Regel nicht mehr besichtigt werden oder lohnen einen Besuch nicht: Lehmmauern sind empfindlich, erfordern kontinuierliche Pflege und bieten nach einigen regenreichen Wintern ein unansehnliches Bild. Dafür mögen die sogenannten Bienenkorb- oder Trullihäuser bei Hama und südöstlich von Aleppo bzw. die rechteckigen Giebel- oder Flachdachhäuser am Euphrat einen reizvollen Ausgleich bieten.

Einen Höhepunkt in der weiteren Entwicklung stellt die Halaf-Kultur dar. Sie ist nach dem gleichnamigen Tall in Nordostsyrien an der türkischen Grenze benannt, der in den 20er Jahren von Baron Oppenheim ausgegraben wurde.

Am Anfang der mehrtausendjährigen Geschichte dieses Platzes steht eine handgeformte, reich bemalte und sehr typische Keramik, die man in ganz Nordsyrien, vom Mittelmeer bis zum Tigris, finden kann. Sie zeugt zumindest von weitreichender Kommunikation; ob dahinter bereits eine politische Organisation steht und welches Volk der Träger dieser Kultur gewesen ist, kann wegen fehlender Schriftzeugnisse in dieser Epoche noch nicht gesagt werden.

Die natürlichen Bedingungen in Mesopotamien, dem Land zwischen den Flüssen Tigris und Euphrat, und hier wiederum in dessen südlichem Teil, dem heutigen Iraq, waren offenbar besonders dazu geeignet, den skizzierten Prozeß weiter zu fördern und zu intensivieren, um schließlich in höhere menschliche Organisationsformen zu münden: die Stadt mit einem ländlichen Hinterland, eine differenzierte und arbeitsteilige Gesellschaft. Das südliche Mesopotamien mit seinem geringer werdenden Niederschlag zwang die Bauern in erhöhtem Maße zur künstlichen Bewässerung, was im allgemeinen als ein entscheidender Schritt zu gesellschaftlicher Organisation, die über die Sippe hinausgeht, angesehen wird. Auf der anderen Seite ist diese Art von Feldanbau bei gleichzeitiger intensiver Sonnenbestrahlung auch besonders produktiv: sie gewährt Überschüsse und Zeit, die man leicht in andere Aktivitäten investieren kann. Handel und handwerkliche Produktion finden somit beste Voraussetzungen. Als wie einschneidend auch schon von den damaligen Menschen diese Umwälzungen empfunden wurden, beweist der Umstand, daß sogar in einem Mythos in Uruk von der Trockenlegung von Sümpfen die Rede ist: Dort berichtet Enmerkar, ein König von Uruk, der Göttin Inanna über seine 50 Jahre andauernden Maßnahmen zum Wasserbau.

Ab einem gewissen Stadium führen diese Faktoren zu einer Anhäufung von Gütern und Reichtum, der verwaltet sein will. Die Unmöglichkeit, dies ohne Schrift zu bewerkstelligen, wird von den Historikern wohl zu recht als die entscheidende Triebfeder angesehen, zu einer schriftlichen Datenerfassung zu gelangen. Gleichzeitig fängt damit die eigentlich historische Epoche der Menschheit an: Personen und Orte werden für uns jetzt benennbar, überhaupt können nun politische Dinge erfaßt werden. Dieser nach der neolithischen Revolution wiederum sehr entscheidende Schritt der menschlichen Zivilisation überhaupt spielte sich erneut im »Fruchtbaren Halbmond« ab.

Sumerischer Einfluß (ca. 4. Jtd. v. Chr.)

Die beherrschende Kultur zum Ausgang des 4. Jtds. im Orient war die der Sumerer. Sie siedelten im Land zwischen Euphrat und Tigris, wobei sie sich auf den Süden im heutigen Iraq beschränkten. Sie waren keine Semiten; ihre Herkunft wird vielfach im Osten vermutet und eine Verwandtschaft mit den Trägern der Induskultur für möglich gehalten. Ab wann sie tatsächlich in Mesopotamien einwanderten, ist unklar, da uns vor dem späten 4. Jtd. jegliche historische Nachrichten fehlen. Dennoch gelang es, im sumerischen Sprachschatz viele Vokabeln einer älteren Sprache festzustellen, die einer sonst nicht näher bezeichenbaren Urbevölkerung in Mesopotamien zugewiesen wird.

Die Sumerer waren in Stadtstaaten organisiert; absolut alles beherrschender Mittelpunkt des Lebens waren die Tempel mit ihren Reichtümern und die angeblich 3000 verschiedenen Götter. Bekannt sind die auf Hochterrassen aus Lehmziegeln errichteten Tempel mit ihren enormen Besitztümern. Die Schrift war zunächst noch als Bilderschrift, bald aber als sogenannte Keilschrift ausgebildet, die im Orient noch bis zur Herrschaft der Griechen und Römer in verschiedenen Sprachen beibehalten wurde. Zusätzlich entwickelte sich eine reiche Siegelkunst, die zum Markieren von Besitztum auf den verschiedensten Behältnissen diente. Am bekanntesten sind die sogennanten Rollsiegel, kleine Zylinder mit figürlichen Szenen und Beschriftung, die man auf noch weichem Ton abrollte. Die Darstellungen dieser Siegel sind eine der wichtigsten Quellen für unsere Kenntnis der altorientalischen Kultur, besonders was die Götterikonographie angeht. Daneben gab es auch die Stempelsiegel von ähnlicher Bedeutung. Erstere kamen in der späten Bronzezeit außer Gebrauch, letztere erst in der persischen Epoche. Weitreichend ist das von den Sumerern eingeführte Hexagesimalsystem, das noch heute unsere Zeiteinteilung bestimmt.

Reflexe dieser Entwicklung sind nunmehr auch aus Syrien bekannt, wo vor dem Bau des Tabqa-Staudammes im mittleren Euphrat in den 60er Jahren ein internationales Ausgrabungsprogramm zur Rettung der von Überflutung bedrohten archäologischen Stätten durchgeführt wurde. Ein ähnliches Unternehmen findet auch dieserzeit am oberen Euphrat während des Baues des Tischreen-Dammes statt, doch sind die Arbeiten dort noch im Gange.

Habuba Kabira und Tall Braq

Die wohl wichtigste Entdeckung aus jener frühen Epoche im Zuge des genannten Rettungsprogramms am mittleren Euphrat war die dortige durch deutsche Archäologen ausgeführte Ausgrabung von Habuba Kabira, etwas unterhalb vom Djabal Aruda, nur wenige Meter über dem Fluß und daher heute unter dem Wasserspiegel verschwunden. Habuba Kabira war mit 18 ha Fläche eine ansehnliche Stadt mit einer imponierenden Stadtmauer, Heiligtümern und allem sonstigen. Sie wurde jedoch nur maximal zwei Jahrhunderte, zwischen 3500 und 3300 v. Chr., bewohnt. Ihr Fundmaterial ist so stark südmesopotamisch geprägt, daß dies mit normalen Handelsbeziehungen nicht mehr erklärt werden kann. Vermutlich wurde von Mesopotamien aus am mittleren Euphratknie eine Art Kolonie gegründet, wodurch die kurze Besiedlungszeit einer künstlich geschaffenen und nicht natürlich gewachsenen Siedlung auch leichter erklärt werden könnte. Vielleicht sollte Habuba eine Handelsstation auf dem Weg ans Mittelmeer und nach Anatolien für das so rohstoffarme Mesopotamien sein. Bei ihrem anscheinend gewaltsamen Ende verbrannten Teile des Ortes, und die Gegend blieb für Jahrhunderte ohne weitere Besiedlung.

Etwas anders verhalten sich die Dinge bei Tall Braq im Nordosten Syriens, im Chabur-Dreieck, wo zahlreiche Flüsse aus dem anatolischen Bergland in eine Ebene hinein auf syrisches Gebiet fließen, um sich dann am Beginn der hügeligen Steppe zum Hauptstrom, dem Chabur, zu sammeln. Die Ebene ist ausgesprochen fruchtbar, kommt aufgrund der zahlreichen Niederschläge ohne größere Bewässerungsmaßnahmen aus und ist heute eine der Kornkammern Syriens. Erste Ausgrabungen dort nahm in den 30er Jahren der bekannte englische Archäologe Mallowan vor. Die ältesten und tiefsten Schichten sind nicht erreicht worden, doch datieren die frühesten untersuchten Siedlungsspuren bereits aus der Zeit um 5500 v. Chr.; und auf der Spitze des Hügels wurde über 5000 Jahre später ein großes römisches Kastell angelegt. Hier jedoch interessiert uns das Aussehen des Platzes im späten 4. Jtd.: der Einfluß des kulturellen Schrittmachers jener Epoche in Südmesopotamien ist auch hier erwartungsgemäß deutlich, doch handelt es sich in Tall Braq um eine gewachsene einheimische Siedlung. Hervorzuheben ist ein Heiligtum auf einer Terrassenanlage in Lehmziegelarchitektur; die Wände waren bemerkenswerterweise mit

Stiftmosaiken dekoriert. Die Anlage von Heiligtümern auf Terrassen ist gerade in Mesopotamien sehr typisch; man nimmt an, daß dieser Habitus aus einem sehr praktischen Problem entstand: Lehmziegelbauten sind nicht ewig haltbar und müssen häufig von Grund auf erneuert werden. Dies geschah ganz einfach über dem Schutt des Vorgängerbaues, welchen man als erhöhenden Sockel nutzte, bis man nach mehrfacher Wiederholung dieses Vorganges die berühmten Terrassenanlagen erhielt, die auch Herodot noch im 5. Jh. v. Chr. in Babylon sah. Unter dem genannten Tempel von Tall Braq barg man aus dem hierunter gelegenen sogenannten »Grauen Tempel« über 300 »Augenidole«, die im Museum von Aleppo besichtigt werden können. In stark abstrahierter Form geben sie Menschen wieder, wobei sie die Augen extrem überbetonen. Dies sind sicherlich Weihegaben für eine lokale Gottheit, die wir sonst nicht kennen.

Die frühdynastische und frühsyrische Zeit (ca. 3. Jtd. v. Chr.)

Die frühdynastische Epoche wird auch die Zeit der Könige von Kisch genannt, dem einflußreichsten Fürstensitz Mesopotamiens. Der Titel war so begehrt, daß sich auch anderweitig ansässige Fürsten »König von Kisch« nannten. Wichtige Orte waren seinerzeit Nippur, Assur, Ur und Uruk. Erst ab dieser Zeit besitzen wir historisch aussagekräftigere Keilschriftzeugnisse, Königslisten, Berichte, Selbstdarstellungen und auch mythologisch überhöhte Geschichtsdarstellungen, wie etwa das Gilgameschepos des Königs von Uruk.

Bis zur Mitte des 3. Jtds. ist in der sumerischen Kultur eine kontinuierliche »Semitisierung« festzustellen; jedenfalls zeigt eine stetig anwachsende Zahl von Eigennamen semitischen Charakter. Die in Rede stehenden Personen gelangten zusätzlich in immer höhere Positionen, so daß auch die politische Macht in deren Hände überging. Das Syrien des 3. Jtds. taucht für uns einstweilen nur langsam aus dem Dunkel der Vorgeschichte in das Licht der geschriebenen Historie auf, doch werfen einige Zeugnisse einen sehr bezeichnenden Schatten darauf, wodurch das Land für die benachbarten Hochkulturen in Ägypten und Mesopotamien so interessant wurde.

Byblos

Der Holzreichtum der Küstengebirge, vor allem der des Libanon, war in beiden Ländern wohl bekannt: Der Holzhandel war in Ägypten Monopol des Pharao, und Byblos oder Gubla, wie es damals hieß, war offenbar der Hauptumschlagsplatz. Daneben waren auch Oliven und Wein Handelsgüter. Die ägyptischen Fundstücke des 3. Jtds. in Byblos bezeugen archäologisch die starke Präsenz des Nillandes, die man an der gesamten Mittelmeerküste Palästinas, des Libanon und Syriens voraussetzen darf.

Der Name Byblos kann nicht genannt werden, ohne das berühmte Heiligtum der »Herrin von Byblos« zu erwähnen, das bereits zu dieser Zeit sehr bedeutend war. Es lag an einem heiligen See, einer Kulteinrichtung, die uns im nahöstlichen Bereich noch manches Mal begegnen wird. Der Tempelbezirk stellt sich als ein unübersichtliches Gewirr von kleinen Räumen dar, in denen aber dennoch ein Kernbau deutlich ist, in dem ein steinernes Kultmal aufgestellt wäre. In einem offenen Vorhof postierte man Obelisken. Diese steinernen Kultmale, sogenannte Baityloi, sind ein gerade im Semitischen, aber nicht nur dort, anzutreffendes Charakteristikum der Heiligtümer, auf das ebenfalls noch zurückzukommen sein wird. Fast 3000 Jahre später wurde der Tempelbezirk noch auf römischen Münzen abgebildet. Dazwischen wurde das Heiligtum nach den Zerstörungen um die Wende vom 3. zum 2. Jtd. in wenig veränderter Form wiederaufgebaut. Seine lange und lebendige Benutzung zeigt sich auch an den etwa 1700 Bronzestatuetten, die dort während der Grabungen gefunden wurden. Sie legen auch den Verdacht nahe, daß Byblos ein Zentrum der Metallverarbeitung war. Darstellungen der »nackten syrischen Göttin« und des »kriegerischen Gottes« kommen bevorzugt vor, wie sie auch andernorts immer und immer wieder begegnen.

Mari im 3. Jtd. v. Chr.

Weiter im Osten, kurz vor der heutigen irakischen Grenze, war am Euphrat Mari in frühdynastischer Zeit bereits eine wichtige Stadt, auch wenn es seine größte Bedeutung erst um die Wende vom 3. zum 2. Jtd. erhalten sollte. Die seit 1933 von A. Parrot und danach von anderen französischen Archäologen ausgegrabene Stätte ist zweifellos die bekannteste altorientalische Ausgrabung am syrischen Euphrat. Auf dem Wege von Mesopotamien stromaufwärts in Richtung Mittelmeer oder Anatolien war es lange Zeit eine unentbehrliche Station, von der aus man das Flußtal auch verlassen konnte und mitten durch die syrische Steppe entlang einiger Brunnen über Tadmor (=Palmyra) nach Westen gelangte. In späterer Zeit zog man 40 km weiter stromaufwärts von Dura Europos aus durch die Wüste nach Tadmor und heute erneute 40 km weiter ab Deir ez-Zor.

Aus dieser frühen Periode sind vor allem einige Ausstattungsgegenstände von Heiligtümern in Mari eine Erwähnung wert: So sind verschiedene aus hellem Material auf schwarzem Grund eingelegte Friese mit Opferszenen im Damaszener Nationalmuseum zu bewundern. Sie stehen unter starkem Einfluß Mesopotamiens und zeigen beispielsweise Opfernde in ihren Wollröcken beim Schlachten eines Hammels. Den typischen Wollrock trägt auch Lamgi-Mari, Oberpriester des Enlil, der höchsten sumerischen Gottheit. Seine Votivstatuette wurde zusammen mit einer ganzen Reihe ähnlicher Figuren im Ischtar-Tempel von Mari gefunden.

Die Herrscher von Akkade (2470–2338 v. Chr.)

Das Ende der frühdynastischen Zeit mit ihren vielen Stadtherrschaften brachte der Gründer der Dynastie von Akkade – benannt nach der noch nicht lokalisierten Reichshauptstadt –, ein gewisser Scharrum-kin bzw. Sargon, was eigentlich nichts weiter als »wahrer König« heißt. Er kam als Mundschenk des Königs von Kisch an die Macht, war semitischer Herkunft und soll 56 Jahre regiert haben. Die Umstände und die Gründe der Machtergreifung liegen für uns noch ziemlich im Dunkeln. Sein Herrschaftsgebiet reichte bis an den Chabur und hat Syrien damit nur zu einem kleinen Teil umfaßt. Die älteste uns bekannte und mit diesem Reich verbundene semitische Sprache wird nach der neuen Reichshauptstadt »akkadisch« genannt.

Gemäß seinen eigenen Inschriften tat sich Sargon als großer Eroberer hervor, seine Feldzüge waren gegen Westen bis an das Mittelmeer und nach Osten bis an den Persischen Golf gerichtet, Mari und Ebla wurden von ihm zerstört. Alle seine Nachfolger versuchten es ihm an Gebietszugewinnen gleich zu tun und fühlten sich *expressis verbis* als Herrscher der Welt.

Naram-Sin, der vierte Herrscher der Dynastie von Akkade, dessen Name »Geliebter des (Mondgottes) Sin« bedeutet, war von sich offenbar so tief beeindruckt, daß er sich in seinen Inschriften auch selbst als göttlich bezeichnete.

Wichtig für die kommende Geschichte waren jedoch seine Kämpfe gegen nomadische Stämme im Gebiet des Djabal Bischri, des Gebietes östlich von Palmyra bis zum Euphrat. Verbände, die seinerzeit »Amurru« genannt wurden und vermutlich jene Leute sind, die in der Bibel Amoriter heißen, waren seine Gegner. Dennoch war es ihm auch noch möglich, über Mari und Ebla bis zum »Zedernwald« und den »Bergen mit Edelmetall« zu ziehen. Hiermit ist gleichzeitig gesagt, was ihn dorthin lockte: die Erz führenden Berge liegen im Süden Anatoliens, die Zedernwälder an der syrisch-libanesischen Küste.

Ebla im 3. Jtd. v. Chr.

In dieser Zeit, nach der Mitte des 3. Jtds., setzen die ersten originär syrischen Schriftzeugnisse ein, und wir sind nicht mehr auf die Nachrichten von außerhalb, d. h. aus dem südlichen Mesopotamien, angewiesen. Sie traten in Ebla, dem heutigen Tall Mardich, 65 km südlich von Aleppo zutage, wo seit den 60er Jahren von dem italienischen Archäologen P. Matthiae aus den Ruinen eines Palastarchivs bislang viele tausend Keilschrifttafeln geborgen wurden. Sie waren offenbar in hölzernen Regalen gestapelt und bei einer Brandkatastrophe unter ihren Trümmern verschüttet worden. Sie werden meist in die Zeit zwischen 2500 und 2300 v. Chr. datiert. Ihre Entzifferung ist bei weitem noch nicht abgeschlossen, bereitet doch die Lesung eines bis dahin noch unbekannten nordwestsemitischen Dialekts, des Eblaïtischen, naturgemäß manche Probleme. Daneben wurde ein Sumerisch geschrieben, welches die Schulung seiner Schreiber in Kisch am unteren Euphrat zu verraten scheint.

Ebla war aus verschiedenen altorientalischen Texten dem Namen nach schon längere Zeit bekannt, konnte aber erst durch die archäologische Forschung lokalisiert werden. Auch wenn die Siedlungstätigkeit in Ebla bereits um die Mitte des 4. Jtds. begann, so erlebte es seine Blüte erst im 3. Viertel des 3. Jtds.; zu dieser Zeit war es der mächtigste Stadtstaat in Nordwestsyrien. Unter seinem letzten König Ibbi Zikir wurde es in einem der vielen Eroberungszüge der akkadischen Herrscher – sei es Sargon oder Naram-Sin – entscheidend geschwächt und verlor einstweilen seine überragende Stellung.

Der Inhalt der Texte aus dem Palastarchiv ist meist wirtschaftlicher Art, doch werden auch zahlreiche Aspekte der politischen Verhältnisse reflektiert. So wurde die Stadt von einem König regiert, der zahlreiche »Geschenke« von fremden Fürsten erhielt, worunter wohl Tribute zu verstehen sind. Es gab einen Rat der Ältesten, dessen Kompetenz aber nicht sehr deutlich ist. Ferner scheint die Priesterschaft bei weitem nicht die Bedeutung gehabt zu haben, wie sie ihr in Mesopotamien zukam. Hauptgott war der auch aus Mari bekannte Dagan, ein Wetter- und Fruchtbarkeitsgott, dessen Wichtigkeit am Rande der Regenfeldbauzone selbstredend ist. Andere Götter wie Aschtart, Ada (Hadad) und Ischtar sind auch anderweitig im Orient verehrt worden.

Die Wirtschaftstexte informieren uns darüber, daß Woll- und Textilwirtschaft von großer Bedeutung waren; der König von Ebla soll 80 000 Schafe besessen haben. An landwirtschaftlichen Erzeugnissen treten Gerste, Oliven und Wein hervor. Die sich hierin spiegelnde Vegetation kann von der heutigen nicht allzu verschieden gewesen sein. Handel wird vielfach erwähnt, und die Verarbeitung verschiedener Metalle wie Gold, Silber, Kupfer und Zinn, das jeweils importiert werden mußte, setzt diesen in erheblichem, Gewinn machendem Rahmen voraus. Entsprechend seiner konkurrenzlosen Stellung in Nordwestsyrien muß Ebla auch Drehscheibe und Knotenpunkt des Ost-West-

Handels von Mesopotamien an das Mittelmeer und des Nord-Süd-Handels vom anatolisch-iranischen Bergland nach Ägypten gewesen sein.

Die 3. Dynastie von Ur (2112–2004 v. Chr.)

Nach dem Fall des akkadischen Herrscherhauses übernahm die sogenannte 3. Dynastie von Ur mit einem gewissen Urnammu wieder das Szepter. Ur unterhielt nachweislich Handelskontakte mit Byblos. Hierbei wurde nun auch die Steppenroute über Tadmor benutzt, die bei Qatna Westsyrien erreichte. Ansonsten wird der politische Einfluß der 3. Dynastie von Ur auf Syrien heute nicht mehr als so mächtig angesehen wie noch in früheren Jahrzehnten. Ähnlich wie die Herrscher von Akkade waren auch diejenigen von Ur vielfach mit Kämpfen gegen die »Amurru« beschäftigt, ja sie bauten sogar einen 280 km langen Wall, der offenbar das Eindringen der Nomaden in Mesopotamien verhindern sollte, letztlich aber nicht konnte: In einem aus einer Leberschau gewonnenen Orakel heißt es ahnungsvoll, daß »der aus der Steppe zu mir hereinkommen und den, der in der Stadt wohnt, verjagen« wird.

Am Ende des 3. Jtds. scheinen viele Städte Syriens wie Ebla, Ugarit und Byblos abgebrannt oder zerstört worden zu sein. Die Siedlungen wurden weiter bewohnt, doch wurde, wie in Qatna, nicht mehr die gleiche Keramik benutzt, ein Zeichen, daß nicht allein Kriege stattfanden, sondern hiermit auch ethnische Umwälzungen einhergingen. Diese werden mit den schon erwähnten Amurru in Verbindung gebracht, die in der folgenden Epoche beherrschend werden sollten. Sie bildeten eine westsemitische Bevölkerungsgruppe und siedelten, wie schon erwähnt, unter anderem im Djabal Bischri, dem Hügelgebiet zwischen Souchne und Euphrat. Grund für ihre Expansion wird, wie immer bei solchen Bewegungen, gewesen sein, daß ihre Ressourcen und Lebensgrundlagen der natürlichen Umgebung erschöpft waren. In einem ökologisch labilen Gebiet wie der Steppe kann dies schnell passieren, es kann begünstigt werden durch überdurchschnittliche Trockenzeiten oder beständiges Bevölkerungswachstum. Die Attraktivität der reichen städtischen Zentren wird ein Übriges getan haben, wie auch das Machtvakuum nach dem Zusammenbruch der 3. Dynastie von Ur und des Alten Reiches von Ägypten.

Die altsyrische Zeit (1. Hälfte des 2. Jtds. v. Chr.)

Die »Amurru« und das altassyrische Reich

Ostkanaanäische Nomaden, auch Amurru oder Amoriter genannt, konnten gegen Ende des 3. Jtds. in mehr und mehr Städten Mesopotamiens politische Führungsrollen übernehmen, so beispielsweise in Isin, Larsa und Babylon. Sie treten uns allein in ihren Namen gegenüber, aus denen der Charakter ihrer Sprache erschlossen werden muß; eine eigene sprachliche Überlieferung für sie gibt es nicht. Zeitgleiche nichtamoritische Quellen in Mesopotamien bezeichnen sie als Leute, »die ungekochtes Fleisch essen«, »die kein Stadtleben kennen«, »die kein Getreide kennen« oder »die das Knie nicht beugen können«, d. h., die sich nicht verneigen; diese Überlieferungen geben uns somit das Bild eines ausgesprochen unkultivierten Volkes, so, wie die Beduinen bis auf den heutigen Tag immer von den Seßhaften gesehen wurden.

Gleichzeitig erwuchs in Assur eine neue Macht heran, die in den nächsten anderthalb Jahrtausenden in einem scharfen Gegensatz zu Babylon stehen sollte, bis beide Stadtstaaten im Jahre 539 v. Chr. in das achämenidische Reich eingegliedert werden sollten. Die ersten Könige Assurs wurden in späteren Texten übrigens als Zeltbewohner bezeichnet. Beide Staaten bestimmten immer wieder die Geschicke Syriens in teilweise sehr entscheidender Art mit. Die erste Auseinandersetzung zwischen beiden Reichen, personifiziert in Hammurabi (1792–1750) von Babylon und Schamschi-Adad von Assur, konnte der Babylonier für sich entscheiden; in Syrien machte er sich Mari und Tuttul (heute Tall Bi'a bei Raqqa) am Euphrat untertan.

Im Westen Syriens versuchte Ägypten nach den Wirren der Jahrtausendwende schnell den verlorenen Einfluß wieder zurückzugewinnen. So ist aus ägyptischen Quellen von der amoritischen Dynastie in Gubla (= Byblos) bekannt, daß deren Repräsentanten ägyptische Titel trugen und sich »Diener des Pharao« nannten. Im Grunde wurde dadurch nur eine alte Einflußsphäre als solche wiederhergestellt, eine Politik, die von Ägypten aus auch während der nächsten 2000 Jahre wann immer möglich betrieben wurde.

Ebla im 2. Jtd. v. Chr.

Zu Beginn des 2. Jtds. wurde auch Ebla nach einer Periode relativer Bedeutungslosigkeit wieder aufgebaut, diesmal jedoch mit schweren Befestigungen und vier Stadttoren. Zu dieser Zeit muß es also seine alte Vormachtstellung in Nordwestsyrien wiedererlangt haben.

Die bedeutendsten archäologischen Funde dieser Epoche stammen aus innerhalb der Stadt gelegenen Gräbern – anders als in den antiken griechischen und römischen Städten, wo sie ja außerhalb zu liegen hatten. Meist führte ein Gang in einen unterirdischen Grabraum, in dem noch die Beigaben der Toten in Form von Gefäßen, Waffen und Möbelteilen mit wertvollen Beschlägen und Auflagen, mitunter aus Elfenbein, gefunden wurden. Einige der reichsten Bestattungen können sogar Königen von Ebla zugeordnet werden, auch wenn es nur solche aus der Niedergangszeit unter der Vorherrschaft der Regenten von Aleppo sind.

Mari im 2. Jtd. v. Chr.

Die Archive des von amoritischen Königen beherrschten Mari werfen einiges Licht auf die politische Situation im Syrien des frühen 18. Jhs. v. Chr., als Mari die wohl bedeutendste syrische Stadt war. Von größter Wichtigkeit sind die Palastarchive mit den berühmten 2000 »Mari-Briefen«, aus denen eine Unzahl von kleinen Informationen ein Schlaglicht auf die politischen, wirtschaftlichen und kulturellen Verhältnisse Syriens zu dieser Zeit werfen. Aus diesen Schrifttafeln geht mit aller Deutlichkeit hervor, daß Mari seinen Reichtum Handels- und Zolleinnahmen verdankte. Warenaustausch mit dem Persischen Golf, Palästina, Zypern, Kreta und Hattuscha wird namentlich erwähnt. Von hier aus war mit Eselskarawanen durch die Wüste und über Tadmor Qatna in 10 Tagen erreichbar. Auch der lokale Handel mit den Nomaden des Umlandes ist festgehalten und scheint meist friedlich vonstatten gegangen zu sein.

Zu Beginn des 2. Jtds. wurde Mari von der bekannten Lim-Dynastie beherrscht, deren Palast ausgegraben werden konnte. Der Herrschaftsanspruch dieser Dynastie wurde auf das Beste in der Gründungsinschrift des Schamasch-Tempels von Jachdun-Lim, dem zweiten König aus dem Hause Lim, formuliert: Seit der Gründung der Stadt durch die Götter habe er, der wilde Stier, als erster das Mittelmeer erreicht, er habe als erster Zedern im Libanon gefällt und dem Meer Opfer dargebracht. Nähe zu den Göttern und unumschränkte

Herrschaft: Dies kennzeichnet den altorientalischen Herrscher und altorientalische Herrschaftssysteme und charakterisiert den Unterschied zu den späteren antiken europäischen, auch wenn es immer wieder Beeinflussungen auf die westlichen Potentaten gab, wofür nicht zuletzt Alexander d. Gr. ein Beispiel werden sollte. Unter dem nicht-dynastischen, wohl hurritischen Nachfolger Jachdun-Lims, Schamschi-Adad, erstreckte sich das Reich von Mari vom Euphrat bis zum Tigris über ganz Nordmesopotamien; mit Qatna war man mittels einer dynastischen Ehe verbunden, auf deren Praxis ein Mari-Brief ein interessantes Licht wirft: Hier warnt Schamschi-Adad seinen Sohn davor, daß dieser seine Frau aus dem Herrschaftshaus von Qatna im wahrsten Sinne des Wortes nicht in die Wüste schicken solle, wie es frühere Herrscher in Mari schon vor ihm getan hätten. Eine solche Handlungsweise würde sicherlich mit ihrem Vater Zwistigkeiten bringen – und solche wurden normalerweise kriegerisch ausgetragen; sein Palast sei doch wahrlich groß genug, um seine Frau dort in einem der vielen Zimmer unterzubringen!

Auf das besorgte Familienoberhaupt Schamschi-Adad folgte mit Zimri-Lim wieder ein Angehöriger der Lim-Dynastie, unter welchem Mari jedoch an Hammurabi von Babylon verloren ging und für immer in der Bedeutungslosigkeit verschwand.

Nach dem Fall von Mari

Wichtige politische Zentren waren danach Karkemisch am Euphrat, Halab (Aleppo), Emar am Euphratknie, Tuttul (Tall Bi'a), Qatna und Ugarit, ferner Ebla und Alalach in der Orontesebene östlich von Antakya.

Am wichtigsten hiervon scheint das von einer amoritischen Dynastie beherrschte Halab mit dem Königreich Jamchad gewesen zu sein, welches das vormals in Nordwestsyrien so bedeutende Ebla an den Rand gedrängt hatte. Jarim-Lim I. sollen 20 »Könige« tributpflichtig gewesen sein, wie uns angesichts eines Gipfeltreffens der mächtigsten mesopotamischen Herrscher am Euphrat im Jahre 1775 v. Chr. mitgeteilt wird; Hammurabi von Babylon und Rim-Sin von Larsa seien allein zehn oder fünfzehn Unterkönige gefolgt, ebenso wie Amutpi'el von Qatna und Ibalpi'el von Eschnunna. Jarim-Lims Herrschaftbereich umfaßte auf seiner Höhe ein Gebiet vom Mittelmeer bei Ugarit bis zum Tigris, also ganz Nordsyrien. Im Süden grenzte es an das Gebiet von Qatna. Der Aufstieg Halabs in der 1. Hälfte des 18. Jhs. ist aus den Mari-Texten ersichtlich, seine Blüte im 18. und 17. Jh. aus den Texten von Alalach und sein Untergang aus den Archiven der Hauptstadt des Hethiterreiches Hattuscha (Boghazköy). Gegen die Hethiter trat Jamchad mit einem sich selbst so nennenden Großkönig auf. Um 1595 v. Chr. ging Jamchad gegen die Hethiter unter und eine Zeit langer Fremdherrschaften in Syrien begann, gegen die die kleinen Lokalherrscher keinen ernstlichen Widerstand leisten konnten.

Die mittelsyrische Zeit (2. Hälfte des 2. Jtds.; späte Bronzezeit)

Zu Beginn des 2. Jtds. werden in den Archiven von Mari hurritische Herrscher in zahlreichen Städten Nordmesopotamiens genannt. Ihre Namen sind unsemitisch und ihre Herkunft wird im iranisch-türkischen Grenzgebiet vermutet; ihre Sprache ist mit dem Urartäischen des 1. Jtds. v. Chr. verwandt, das im Gebiet am heutigen Van-See gesprochen wurde, und scheint mit einigen noch lebenden Kaukasussprachen in Beziehung zu stehen. Bereits im 19. und 18. Jh. stellten sie in vielen Orten Obermesopotamiens die politische Führung.

Die Hurriter und das Reich von Mitanni

Man wird sich jenes Gebiet als ein von vielen kleinen Fürsten – die auch ethnisch keinesfalls einheitlich waren – beherrschtes Land vorstellen müssen.

Einer dieser Fürsten war der uns schon in Mari begegnete Schamschi-Adad, der in Schubat-Enlil residierte, wohl Tall Leilan im Chabur-Dreieck, wo eine Tempelanlage mit wunderbarer Fassade – die unter anderem gedrehte Säulen aufwies – ausgegraben wurde. Später, im 16. Jh. v. Chr., hatte sich dann im Gebiet um das heutige Hassake am oberen Chabur ein hurritischer Staat herausgebildet, der natürlich mit einem starken amoritischen Bevölkerungssubstrat koexistieren mußte. In den Keilschrifttexten kommt sowohl die Bezeichnung »Hurri« als auch »Mitanni« gleichermaßen für dieses Gebilde vor. Die Hauptstadt dieses Reiches, Waschschukanni, ist noch nicht gefunden.

In der materiellen Kultur tritt Mitanni uns am deutlichsten in der Stadt Nuzi im Iraq vor Augen, wo ein Palast, Wohnhäuser und Tontafelarchive gefunden wurden sowie eine sehr charakteristische bemalte Keramik, die auch im syrischen Nordmesopotamien allenthalben auftritt.

Günstig scheint für die hurritische Expansion gewesen zu sein, daß mit der Niederlage von Jamchad, dem Königreich von Halab (Aleppo), gegen die Hethiter ein entscheidender Machtfaktor in Nordsyrien weggefallen war und die Hethiter ihrerseits nicht in der Lage waren, ihre syrischen Eroberungen zu konsolidieren. Gleichzeitig waren auch die östlichen Nachbarn, also sowohl Assyrien als auch Babylon – das damals unter der Herrschaft der Kassiten, einer Dynastie aus dem Bergland Luristan, stand – noch zu schwach, um den Hurritern hinderlich zu sein.

Der westwärts gerichtete Einfluß Mitannis zeigt sich beispielsweise an dem Umstand, daß ein gewisser Idrimi aus Alalach seinen Thron dort erst dann besteigen konnte, als eine Übereinkunft mit dem Herrscher von Mitanni erzielt war. Der Vorgang ist in einer akkadisch abgefaßten Inschrift auf seiner Sitzstatue erhalten, die den ganzen Werdegang Idrimis bis zu seiner Thronbesteigung festhält und ein sehr lebendiges und unmittelbares Geschichtszeugnis darstellt: Idrimi war Sohn des Königs von Aleppo und mußte mit seiner Familie wegen einer nicht näher bezeichneten Untat nach Emar am Euphrat fliehen. Von dort aus zog er allein, mit nur einem Begleiter, auf seinem Streitwagen ins Land Kanaan, wo er sich in Ammija südlich von Tripolis im Libanon sieben Jahre lang aufhielt. Nachdem er die Oberhoheit des hurritischen Königs anerkannt hatte, landete er mit Schiffen an der Küste bei Mukis an der Orontesmündung. Von dort aus ging er als König nach Alalach.

Ägyptische Machtgelüste

Bei den gleichzeitigen ständigen Expansionsbestrebungen Ägyptens nach Nordsyrien war der kriegerische Konflikt zwischen Mitanni und dem ägyptischen Reich programmiert. Pharao Thutmosis III. (1479–1426) begann mit seinem achten Feldzug in seinem 33. Regierungsjahr einen der mächtigsten Eroberungszüge nach Syrien. Bei Megiddo in Palästina besiegte er eine Streitmacht von 330 Fürsten unter der Führung der Herrscher von Qatna; auch Damaskus zählte zu den geschlagenen Städten. Danach kam es bei Aleppo zu einer Schlacht zwischen einem namentlich nicht erwähnten hurritischen König und dem Heer von Thutmosis III. Mitanni muß eine Niederlage bezogen haben, da die Ägypter den Euphrat bei Karkemisch erreichten und überschritten. Ausdrücklich werden in seinem genauen Bericht auf den Tempelwänden von Karnak in Oberägypten alle eroberten Ortschaften und die Schiffe aus Byblos erwähnt, die er zur Euphratüberquerung benutzte. Während seiner Rückkehr zur Mittelmeerküste wurde noch eine aufwendige Elefantenjagd veranstaltet, bei der 120 Tiere erlegt worden sein sollen. Wie zumeist, so war auch diesmal Ägypten nicht in der Lage, eine dauerhafte Einflußsphäre in Nordsyrien zu schaffen; dies gelang den Pharaonen allein an der Mittelmeerküste.

Vermutlich vor dem Hintergrund des wieder erstarkenden Hethiterreiches hatten sich die Beziehungen zwischen Mitanni und Ägypten in der folgenden Zeit jedoch wieder verbessert: Eine intensive Heiratspolitik zwischen beiden wie auch der Austausch von Geschenken belegen dies. Man übersandte sogar eine heilkräftige Statue der Ischtar aus Ninive an den Hof von Pharao Amenophis III. Eine Quelle ersten Ranges hierfür sind die »Amarnabriefe« aus der ersten Hälfte des 14. Jhs. v. Chr., in der unter anderem die Korrespondenz von Amenophis III. und IV. – letzterer landläufig unter dem Namen Echnaton bekannt – mit Tuschratta von Mitanni – aber auch weiteren orientalischen Fürsten – in babylonischer Sprache erhalten ist. In anderen Briefen wurde auch hurritisch geschrieben. Beide Seiten scheinen sich auf die Festlegung und Respektierung von Einflußzonen geeinigt zu haben, wonach die Gegend von Homs für beide die Grenze bildete. Diese Art der Nord-Süd-Aufteilung stellt eine bemerkenswerte Konstante in der Geschichte Syriens dar: Sie zeigt sich erneut an der noch zu besprechenden welthistorischen Schlacht von Qadesch bei Homs zwischen Ägyptern und Hethitern, wie auch an den Auseinandersetzungen zwischen dem ptolemäischen Ägypten und dem seleukidischen Nachfolgestaat des Alexanderreiches.

Zankapfel der Anrainer

Texte aus Hattuscha zeigen, daß sich die hurritische Kriegerelite – die sogenannten Marjannu-Leute – in der Benutzung des Streitwagens übte, einer in den Ebenen Nordmesopotamiens sicherlich sehr effektiven Kampfesweise. In ein und demselben Text, einem im folgenden noch näher zu betrachtenden Vertrag zwischen dem Hethiterkönig Schuppiluliuma I. und Schattiwaza von Mitanni, tauchen indo-arische Gottheiten in Verbindung mit den Hurritern auf, bei denen der Vertrag beschworen wird. Die dort genannten Gottheiten Indra, Varuna, Mithra und Nasatyas sind sonst im hurritischen Pantheon unbekannt. Hieran entzündete sich vor allem in Deutschland ein bis heute erbittert geführter Historikerstreit über die Rolle oder Überlegenheit einer den Streitwagen benutzenden arischen Führungsschicht in Mitanni.

Trotz aller Koalitionen mit den fernen Pharaonen Ägyptens blieb es Mitanni nicht erspart, sich mit den vordringenden Hethitern auseinandersetzen zu müssen. An innenpolitischen Intrigen innerhalb des Hurriterreiches entzündete sich dann der Konflikt: König Tuschratta scheint durch ein näher nicht bekanntes Ränkespiel ermordet worden zu sein, so daß seinem Sohn Schattiwaza nichts anderes übrig blieb, als zum hethitischen Hof nach Hattuscha zu fliehen. Dies bot den Hethitern den Grund zum militärischen Eingreifen, in dessen Rahmen Schattiwaza wieder als König von Hurri eingesetzt wurde – natürlich von Gnaden Schuppiluliumas I., des hethitischen Königs. Um die Bande zu festigen, wurde auch gleich eine Ehe zwischen einer hethitischen Prinzessin und dem hurritischen Vasallenkönig geschlossen. Das so geschwächte Reich Mitanni vermochte dem erneut expandierenden assyrischen Reich an seiner Ostflanke auf Dauer nicht zu widerstehen und wurde im Laufe des 13. Jhs. von ihm erobert, womit die assyrische Westgrenze am Euphrat lag.

Wie üblich im »Fruchtbaren Halbmond« war der Regenfeldbau die landwirtschaftliche Existenzgrundlage des hurritischen Reiches. So war auch hier ein Wettergott oberster Herr des Himmels. Er hieß Teschup und wurde mit Keule oder Streitaxt und Blitzbündel dargestellt – letzteres so wie später auch Zeus und Jupiter bei Griechen und Römern. Ansonsten ist eine als spezifisch hurritisch in Erscheinung tretende Kultur, die sich von den anderen orientalischen Kulturen unterscheidet, zumindest einstweilen nicht faßbar. Erwähnenswert als Fundstück außerordentlicher Wichtigkeit bleibt jedoch das Rollsiegel von König Schauschtatar mit Fabelwesen und Jagdszenen sowie seinem Namenszug, welches bei den Ausgrabungen von Alalach gefunden wurde.

Herrschaft der Hethiter

Im Laufe des 2. Jtds. v. Chr. war es den von uns landläufig Hethiter genannten Bevölkerungsgruppen gelungen, in Zentralanatolien ein Reich zu gründen, dessen Hauptstadt das östlich von Ankara gelegene Boghazköy bzw. Hattuscha war. Ihre Sprache war indoeuropäisch und läßt sich ab dem frühen 2. Jtd. in Anatolien nachweisen. Von wo die Hethiter kamen ist umstritten, vorgeschlagen wurden der Balkan und das Kaukasusgebiet. Gleichzeitige Texte lehren, daß die Hethiter eigentlich »Hatti« hießen und die Bezeichnung »Hethiter« lediglich die Übertragung einer hebräischen Bezeichnung aus dem Alten Testament ins Deutsche darstellt, womit ursprünglich eine Bevölkerung bereits des 1. Jtds. v. Chr. in Nordsyrien gemeint war; letztere wird aus diesem Grunde jetzt »Späthethiter« genannt und wird uns noch begegnen.

Gewöhnlich benutzten die Hatti im Keilschrift-Alphabet die akkadische Sprache und erst daneben die eigene hethitische bzw. hattische, die älteste schriftlich festgehaltene indoeuropäische Sprache. Sie selbst bezeichneten ihre Sprache als diejenige von Kanesch, einem Ort beim türkischen Kayseri.

Ab etwa 1650 v. Chr. war Hattuscha Hauptstadt des Hethiterreiches; erster dort residierender König war Hattuschili I., der auch als Gründer des »Alten Reiches« gilt. Von dort aus wurde die Eroberung Nordsyriens betrieben, wo die Könige von Halab-Aleppo an der Spitze einer Anzahl nordsyrischer Fürstentümer gegen die Eindringlinge standen. Murschili I., dem Sohn Hattuschilis I., gelang schließlich um 1600 die Eroberung Aleppos, wobei er auch gleich einige hurritische Fürstentümer am Euphrat besiegte; auch das damals schon unbedeutende Ebla wurde zerstört. Die Eroberungslust des Hethiters ging jedoch noch weiter und führte Murschili 1594 bis nach Babylon, wo er die Hammurabi-Dynastie endgültig beseitigte. Bewußt stellten sich die hethitischen Könige nun mit dem großen Sargon von Akkade in eine Ruhmesreihe! Wie aber kaum anders zu erwarten, gingen die schnellen und weiträumigen Eroberungen ebenso rasch wieder verloren, woran nicht zuletzt innere Streitigkeiten im Hethiterreich, wie die Ermordung Murschilis durch seinen Schwager Hantili, das Ihrige beitrugen.

Erst das wiedererstarkte Hethiterreich unter Schuppiluliuma I. drang in der Mitte des 14. Jhs. erneut und verstärkt nach Nordsyrien vor, wobei der schon beschriebene Umstand innerer Thronstreitigkeiten des hurritischen Reiches mit der nachfolgenden Einsetzung Schattiwazas von hethitischen Gnaden Schuppiluliuma Tür und Tor öffnete. Hinzu kam, daß ein hethitischer Prinz ermordet wurde, der sich auf der Reise zur ägyptischen Königin befand, um mit ihr eine dynastische Eheverbindung einzugehen: Die hethitische Streitmacht eroberte ägyptisch beanspruchtes Gebiet in Mittelsyrien und setzte bei Homs sowie in der Akkar-Küstenebene das Fürstentum Amurru ein. Andere in einem Vasallenverhältnis zu den Hethitern stehende Städte waren Ugarit, Halab, Nuchasse und Tunip bei Homs. Das Einhalten von Verträgen wurde durch den hethitischen Unterkönig von Karkemisch überwacht.

Mehrere Jahrzehnte des Kriegszustandes zwischen beiden Seiten mit zahlreichen Geplänkeln gipfelten zuletzt 1275 v. Chr. in der Schlacht bei Qadesch unweit südlich von Homs: die beiden führenden Weltmächte ihrer Zeit prallten aufeinander. Das ägyptische Heer stand unter Ramses II., das hethitische unter Muwatalli. Die Hethiter hatten schließlich Vorteile auf ihrer Seite, sie konnten sogar bis nach Damaskus vordringen. Ramses II. besann sich schließlich, in seinem 21. Regierungsjahr mit Hattuschili III., dem Nachfolger Muwatallis, einen Friedensvertrag zu schließen, der in ägyptischen Hieroglyphen und akkadischer Keilschrift festgehalten wurde und auch in beiden Versionen erhalten ist. Darin wurde offensichtlich der seit langem bestehende status quo bestätigt; hethitische Prinzessinnen wurden Ramses II. als vertrauensbildende und friedenssichernde Maßnahme in die Ehe gegeben.

Die mittelassyrische Periode (1375–1047 v. Chr.)

Nach der Liquidierung des Reiches von Mitanni durch die Hethiter war Assurs mächtiger Nachbar im Westen weggefallen. Zwar trat das Hethiterreich an seine Stelle, doch konnte es die weit entfernt gelegenen Gebiete Obermesopotamiens nicht nachhaltig beherrschen. Die Assyrerkönige Adad-Nirari I. (1305–1274) und Salmanassar I. (1273–1244) konnten schließlich Obermesopotamien bis an den Euphrat erobern, womit die assyrische Expansion aber noch kein Ende fand: Tukulti-Ninurta I. (1243–1207) gelang es zunächst, sieben Jahre über das südwestlich gelegene Babylon zu herrschen, bis es Tiglatpileser I. (1114–1076) sogar für längere Zeit einnehmen konnte. Im Unterschied zu der hethitischen Herrschaft scheinen die assyrischen Garnisonen in befestigte Orte gelegt worden zu sein: Durch das Vordringen nach Westen war automatisch eine Frontstellung gegen das hethitische Reich geschaffen und genauso selbstverständlich entwickelte sich Ägypten als Gegner der Hethiter zum Verbündeten Assyriens. Der plötzliche Zusammenbruch der hethitischen Herrschaft zur Zeit der ersten Seevölkeranstürme erlaubte es Tiglatpileser I. sogar, bis zum Mittelmeer vorzudringen. Byblos, Sidon und Arwad mußten Tribut entrichten, im Libanon fällte er Bauholz für den Anu-Adad-Tempel in Assur.

Der enorme Erfolg der assyrischen Streitmacht lag wohl zumindest teilweise in der Effektivität seines Streitwagenkorps, das auf hurritische Erfahrungen zurückgreifen konnte. Letztlich war das assyrische Heer jedoch zu schwach, um auch in Nord- und Westsyrien beständig Fuß zu fassen, zumal ein neuer Gegner in der syrischen und arabischen Steppe heranwuchs, der auf Dauer Assurs Kräfte band: Es handelte sich um die Aramäer, die der Geschichte Syriens in den mehr als tausend folgenden Jahren nachhaltig ihren Stempel aufdrücken sollten. Die jährlichen Feldzüge Assurs beanspruchten die eigenen Bevölkerungsressourcen in so erheblichem Maße, daß die assyrischen Herrscher zu umfänglichen Deportationen in den neu eroberten Gebieten griffen, um unter anderem die ehrgeizigen Bauprojekte in Assur selbst und der neu gegründeten Residenz Kar Tukulti-Ninurta am Tigris überhaupt durchführen zu können. Die dadurch ausgedünnten Randgebiete machten es den herandrängenden Aramäern wiederum um so leichter, sich in diesen Zonen anzusiedeln.

Die Dynamik dieses Vorganges war so nachhaltig, daß das aramäische Bevölkerungs- und Sprachelement im Laufe des nächsten halben Jahrtausends das Assyrische bzw. Akkadische weitgehend verdrängte.

Syrische Stadtstaaten der späten Bronzezeit

Die bisherigen Ausführungen zur mittelsyrischen Epoche, die man auch als späte Bronzezeit bezeichnet, haben deutlich aufgezeigt, daß die bestimmenden politischen Mächte jener Zeit keine bodenständigen »syrischen« waren. Damit übereinstimmend stammen die diesbezüglichen historischen Texte meist auch aus jenen fremden Ländern. Nur einige wenige syrische Stadtstaaten können anhand eigener Keilschrifttexte dieses Bild ergänzen. Hierzu zählen Alalach am unteren Orontes, die Küstenstadt Ugarit und Emar am Euphratknie. Verglichen mit den 330 syrischen Fürsten, gegen die Thutmosis III. bei Megiddo in Palästina kämpfte, ist dies noch sehr wenig, doch erweitert sich unser Bild durch die mittlerweile sehr intensive archäologische Erforschung Syriens ständig. Weitere zu erwähnende und bekannte Städte sind das schon mehrfach genannte Karkemisch am Euphrat, Halab (Aleppo), Qatna, Tadmor und Damaskus; die Küste weist eine dichte Reihe bedeutender Hafenstädte auf, beginnend im Norden mit Ugarit, der Insel Arwad vor Tartus, Byblos, Beirut, Sidon, Tyrus, Akko, Jaffa, Aschdod, Askalon und Gaza. Mindestens Gaza und Sidon hatten jedoch einen ägyptischen Gouverneur aufzunehmen.

Politische Abhängigkeit oder Schwäche beeinflußte aber nicht zwangsläufig wirtschaftliche Prosperität, zumal der Mittelmeer- und Ost-West-Handel intensiv war: der Bedarf an zyprischem Kupfer, das in Form sogenannter Ochsenhautbarren nach Ägypten und Mesopotamien verhandelt wurde, war hierbei ein ganz bedeutender Faktor, der durch die Auffindung untergegangener Schiffe mit jeweils Ladungen dieser Barren vor der südanatolischen Küste am Kap Gelidonya und bei Ulu Burun eindrucksvoll illustriert werden kann. In einem ägyptischen Papyrus aus der Zeit um 1200 v. Chr. heißt es, daß dem Pharao Rohkupfer in Barren herbeigeschafft werden sollte, die auf dem »Nacken der Kinder (d. h. Einwohner) von Alasia (= Zypern) getragen« wurden.

Ugarit

Das intensivste Schlaglicht auf das bunte Leben in einer spätbronzezeitlichen Mittelmeerhafenstadt fällt derzeit auf Ugarit. Die Texte aus verschiedenen Archiven stammen meist aus der Zeit zwischen einem Brand um das Jahr 1364 v. Chr. und der Zerstörung der Stadt durch die Seevölker zu Anfang des 12. Jhs. v. Chr. Sie sind in sumerisch, akkadisch, hurritisch, hethitisch, ägyptisch und zyprisch geschrieben und zeugen von der Internationalität der damaligen Handelsstadt, wie dies auch importierte Fundstücke aus dem gesamten östlichen Mittelmeerbereich von Griechenland bis Ägypten belegen. Das »Kapitänsgrab« aus riesigen Steinankern in der Stadt Ugarit erinnert uns an einen derjenigen, die die gefährliche Handelsschiffahrt betrieben. Für die Entwicklung unseres heutigen Alphabets sind gewisse Tontafeln besonders wichtig, die eine aus 30 Zeichen bestehende keilschriftliche Buchstabenschrift zeigen.

Neben den vielen Texten rein wirtschaftlichen Inhalts geben eine Reihe von Schriftzeugnissen auch über Religion und Mythologie Ugarits Auskunft. Die dort erwähnten Götter sind auch sonst aus dem Nahen Osten meistens bekannt, doch treten sie oftmals mit leicht veränderten Charaktereigenschaften auf. So fehlt den ugaritischen Göttern und Göttinnen vielfach der astrale

Aspekt, den die mesopotamischen Götter zumeist aufweisen. So ist Astarte allein eine durch ihre besondere Schönheit ausgezeichnete Fruchtbarkeitsgöttin. Höchster Gott ist El, seine Gemahlin ist Asirat, die auch Elat genannt wird. Baal kann ebenso mit dem Namen Haddu belegt werden, was Hadad, dem schon erwähnten Wettergott entspricht. Er thronte auf dem Berge Zaphon, dem Djabal al-Akra nördlich von Ugarit. Anat, geflügelt dargestellt, war Liebes- und Kriegsgöttin – eine im Orient weit verbreitete, uns in der Regel merkwürdig erscheinende Kombination, die aber dennoch tiefe menschliche Kenntnis verrät. Bisweilen erscheint die Göttin als Schwester, Frau oder Geliebte Baals. Sein Gegner war Mut, Gott der Unterwelt, der mit Baal ständig um die Herrschaft kämpfte: Mut hatte sie in den Phasen der Unfruchtbarkeit und Dürre inne, Baal war Herrscher zu Zeiten des Wachstums. Der Kampf beider ist in Ugarits Mythologie unter Einbeziehung der verschiedensten Götterintrigen ausführlich überliefert, er spiegelt die ewig sich wiederholende Auseinandersetzung von Werden und Vergehen, die ja in unzähligen antiken Mythen verarbeitet ist, wider. Schließlich sei noch »Kusaru wa Hasisu« erwähnt, er war Gott der Handwerker und der Künste; seine Heimat wird bisweilen im ägyptischen Memphis oder in Kreta angegeben. Er hatte von El und der Götterversammlung den Auftrag erhalten, für Baal auf dem Zaphon einen Palast zu bauen. Es ist wohl kein Zufall, daß auch der Ahnherr der europäischen Architekten, Dädalus, von Kreta stammen sollte, beide berühmten Architekten also die gleiche Heimat besaßen.

Eine kleine, an sich nicht sehr bedeutende Geschichte sei hier etwas ausführlicher geschildert, weil sie in fast an griechische Götterburleske gemahnender Weise Vorgänge schildert, mit denen auch die damals lebenden Menschen, die diese Geschichte erfanden, als Wesen aus Fleisch und Blut vor uns erscheinen: Die Götter feierten wieder einmal ein Gelage, doch damit sie nicht allzu sehr über die Stränge schlugen, hatten sie bestimmte Anstandsregeln zu respektieren, über deren Einhaltung der Hüter des Hauses wachte. Wenn jemand diese Vorschriften nicht beachtete, erhielt er statt des Festbratens Stockschläge, welche Drohung aber nicht verhindern konnte, daß sich die Götter dennoch völlig betranken. Am Ende folgte vom Erzähler der Ratschlag, daß man zur Verhütung völliger Trunkenheit etwas Olivenöl genießen sollte. Die Lehre, in die das Ganze gipfelt, war wohl der Zweck, zu dem die Geschichte überhaupt erzählt wurde.

Von der politischen Verfassung Ugarits wissen wir, daß der Stadt ein König vorstand, der in Abhängigkeit vom hethitischen Großkönig agierte. Zum Herrschaftsgebiet von Ugarit gehörten über 150 Dörfer. Zur Verwaltung der rechtlichen und wirtschaftlichen Belange diente der Palast mit seinem umfänglichen Personal. An der Spitze standen die »Diener des Königs«, also die höchsten Beamten und gesellschaftliche Oberschicht, die auch Privathandel treiben konnten. Ihnen folgten die »Diener der Diener des Königs«, also die Bediensteten der obersten Beamten, und schließlich die »Söhne Ugarits«, die sonstige freie Bevölkerung. Unter ihnen rangierten schließlich die Sklaven.

Bei den seit 1929 andauernden französischen Ausgrabungen in Ugarit konnte auch der Palast untersucht werden, der im wesentlichen aus dem 14. Jh. stammt. In der Festungsarchitektur Ugarits erinnert die Poterne an ähnliche Anlagen in Hattuscha, was angesichts der historischen Beziehungen zwischen beiden Städten auch auf einen engeren Austausch im Bereich der Baukunst deuten kann.

Die Seevölker (um 1200 v. Chr.)

Mit dem Wechsel von der Bronze- zur Eisenzeit fand im gesamten östlichen Mittelmeergebiet nicht nur die Einführung einer neuen Technologie zur Metallverarbeitung auf breiter Ebene statt, sondern hiermit gingen auch schwerste politische Umwälzungen einher. Ihren Ausgang scheinen die Ereignisse im ägäischen Raum genommen zu haben. In Griechenland und Kreta gingen die bronzezeitlichen spätminoischen und mykenischen Kulturen offenbar mit der »Dorischen Wanderung« unter. Die vormaligen hellenischen Hochkulturen versanken unter dem Eindringen eiserner Waffen führender dorischer Stämme in Schutt und Asche, ohne sich hiervon in den nächsten Jahrhunderten erholen zu können. Eine Epoche, die wir als »Dark Ages«, als »Dunkles Zeitalter« bezeichnen, brach an. Mit der gleichen Geschwindigkeit ging auch das hethitische Reich in Anatolien unter, ohne daß wir über die Ereignisse und Zusammenhänge allzu genau Bescheid wüßten. Nur der Untergang Trojas fand bei Homer seine mythologisch überhöhte Verewigung. Die Herkunft der Dorer ist nicht genau bekannt, doch sprechen die meisten Indizien für den nordgriechisch-balkanischen Raum. Ihr Eindringen in eine innerlich offenbar bereits geschwächte Hochkultur löste weitere Wanderungswellen aus, die bis an die Küste Palästinas und nach Unterägypten reichten.

Der Begriff »Seevölker« für eine dieser wandernden Gruppen wurde in Ägypten geprägt, wo Ramses III. selbige im Nildelta entscheidend schlagen konnte. An der levantinischen Küste wurden die Ankömmlinge Philister genannt, von ihnen hat Palästina seinen Namen. Der Ausdruck »Kreti und Pleti«, d. h. Kreter und Philister, hat hier seinen Ursprung. Gemäß dem Alten Testament kamen sie aus Kreta und zerstörten unter anderem Ugarit mit besonderer Gründlichkeit. Trotz aller kriegerischer Auseinandersetzungen mit Ägypten und der einheimischen semitischen Bevölkerung gelang ihnen im heutigen Gazastreifen mit den Städten Aschdod, Askalon, Ekron, Gat und Gaza die Gründung eines Fünfstädtebundes. Ihr weiteres Schicksal dort liegt allerdings schon außerhalb unserer Betrachtungen, zumal sie nach der Zerstörung einiger Küstensiedlungen keinerlei Einflüsse auf Syrien mehr hinterließen.

Die neusyrische oder Eisenzeit (Das 1. Jtd. v. Chr. bis zur Eroberung durch Alexander den Großen)

Phöniker

Die Griechen bezeichneten die Küstenbewohner von Palästina über den Libanon bis an die nordsyrische Küste als Phöniker. Der Name rührte vermutlich von den purpurroten Stoffen her, mit denen die Phöniker Handel trieben. Sie waren weniger eine politische Einheit, als vielmehr eine natürliche Aneinanderreihung von Küstenstädten, die vor allem am Warenumschlag interessiert waren. Auf den Trümmern der unter den Seevölkerstürmen zugrunde gegangenen Hafenstädte hatten sie sich relativ schnell wieder erholen und um das gesamte Mittelmeer ab dem 11. Jh. v. Chr. zahlreiche Handelsstützpunkte anlegen können, ja sogar an der marokkanischen Atlantikküste. Führend war hierbei Tyros. Schon Homer hebt die Erfahrung der Phöniker zu Schiff hervor, und daß sie die erste Seefahrernation im Mittelmeer waren, zeigt am eindrucksvollsten ihre bei Herodot bezeugte Afrikaumsegelung im Auftrag des Pharao Necho um 600 v. Chr. Ihre Abkömmlinge in Nordafrika wurden von den Römern später Punier genannt, die bekannteste Gründung Karthago erwuchs zum größten Widersacher der Römischen Republik.

Die wichtigsten Städte des phönizischen Mutterlandes jedoch waren Tyros, Sidon, Byblos und die Insel Arwad. Ihre Einwohner nannten sich selbst Kanaanäer oder einfach nach ihren Heimatstädten. Die ab der Mitte des

2. Jtds. v. Chr. in ägyptischen Quellen belegte Bezeichnung Kanaan umfaßt dabei das Gebiet des späteren Palästina bis hinauf nach Byblos, also einen recht langen Küstenstreifen einschließlich des zugehörigen Hinterlandes. Zur Zeit der stärksten assyrischen Ausdehnung nach Westen unter Assurnasirpal II. (883–859 v. Chr.) und Salmanassar III. (859–824 v. Chr.) hatten sie den Königen von Assur Tribut zu entrichten. Dies hinderte sie jedoch nicht, jede sich bietende Gelegenheit zum Abfall zu nutzen. Ägypten als konkurrierende Großmacht zu Assyrien war hierbei der natürliche Verbündete, mit dem die Bewohner des Küstenstreifens ja schon jahrtausendealte Handelskontakte gepflegt hatten. Tyros mit seiner befestigten Insel, die später noch für Alexander d. Gr. eine seiner bedeutendsten militärischen Herausforderungen werden sollte, tritt in dieser Zeit bereits als uneinnehmbare Küstenfestung auf. Dennoch konnte die assyrische Herrschaft erst mit dem Fall Assurs 614 v. Chr. abgeschüttelt werden, um durch die Oberhoheit Babyloniens unter Nebukadnezar II. (604–562 v. Chr.) abgelöst zu werden.

Wertvolle Handelsgüter

So wenig Phönikien und der Libanon jemals politisch-militärisch stark waren, so sehr waren sie erfolgreiche Handelsstädte. Der Handel mit der Farbe Purpur wurde schon erwähnt, ihre Produktion läßt sich auch schon im spätbronzezeitlichen Ugarit nachweisen. Jetzt hatte sich die Herstellung nach Sidon und Tyros verlagert. Nur nebenbei sei erwähnt, daß das Drüsensekret von ca. 50 000 bis 60 000 Meeresschnecken für ein Pfund Purpur benötigt wurde.

Gleichzeitig entwickelte sich hier, aufbauend auf mesopotamischen und ägyptischen Erfahrungen, das bedeutendste Glashandwerk und blieb dies mindestens bis in die römische Kaiserzeit. In Mesopotamien sind seit etwa 1500 v. Chr. Glasgefäße mit bunten Fadenauflagen bekannt wie auch solche, die an die Millefiori-Technik erinnern; sie wurden zuerst in der Sandkerntechnik hergestellt, d. h. um einen festen Sand- oder Tonkern gewickelt, der nach der Härtung des Glases herausgenommen werden konnte. Meist dienten sie zur Aufnahme von Schminken und Ölen, waren also Luxusartikel. »Weltruhm« genossen auch phönikische Metallarbeiten, zu deren Fertigung Rohstoffhandel bis Zentralafrika und Südengland betrieben wurde. Der Tempel des Salomo in Jerusalem wurde mit Hilfe tyrischer Metallhandwerker ausgestattet.

Als weitreichend erwies sich die Einführung des phönikischen Alphabets, der ersten linearen Buchstabenschrift der Welt. Im Unterschied zu den traditionellen Keilschriftsystemen mußte sie nicht mehr in Ton eingekerbt, sondern konnte auf alle möglichen Träger aufgesetzt oder gemalt werden. Sie bestand zunächst aus 22 Konsonanten, die der semitischen Sprache Phönikiens angemessen waren. Von hier aus verbreitete sich das Alphabet über Griechenland nach Europa, und dementsprechend berichtet noch Herodot davon, daß Kadmos die von ihm sogenannten kadmeischen Buchstaben in Griechenland eingeführt habe: Kadmos ist jener aus der griechischen Sage bekannte Fürst des phönikischen Tyros, dessen Schwester Europa von Zeus in Gestalt eines Stieres über das Meer nach Kreta entführt wurde, wo sie die drei Brüder Minos, Rhadamanthys und Sarpedon gebahr. Ganz zweifellos spiegeln sich hier historische Ereignisse in mythologischer Form wider.

Im Verhältnis zu diesen kaum zu überschätzenden Leistungen der phönikischen Kultur sind die Zeugnisse über die politische Geschichte sowie die inneren, kulturellen und religiösen Verhältnisse gering. In der Religion sind die bekannten orientalischen Gottheiten vertreten, wobei auffällt, daß sie an der phönikischen Küste mit besonders charakteristischen Lokaleigenschaften behaftet sind. Der Mythos vom Werden und Vergehen, vom Sterben und Wiederauferstehen wurde schon bezüglich Ugarit geschildert; hier war er mit Adonis verknüpft. Die Geschichte wurde an der Afqa-Quelle an den Abhängen des Libanon jährlich kultisch nachvollzogen. Stadtgott von Tyros war Melqart, den die Griechen mit Herakles gleichsetzten.

Amrit

Das besterforschte Heiligtum jener Zeit an der Küste ist der bei Tartus gelegene sogenannte Wassertempel von Amrit, dem griechischen Marathos. Wahrscheinlich stammt er in der uns vorliegenden Form erst aus der Zeit der persischen Herrschaft. Auch dieser war dem Melqart geweiht. Das Heiligtum besteht hauptsächlich aus einer Hofanlage, die mit einer Pilasterporticus umgeben ist. Das Innere des Hofes steht zumeist unter Wasser, welches aus einer bewußt in die Architektur einbezogenen Quelle fließt; der Opferaltar stand auf einer in den Innenhof vorragenden Plattform, seine Mitte wird von einer kleinen Cella eingenommen, in der man sich das Kultbild wird vorstellen dürfen; der kleine Bau ist von den für Syrien typischen Zinnenmäandern umgeben.

Nur wenige Meter davon entfernt liegen zwei Felsgrabmäler, auf Sockeln stehende, in die Höhe ragende Zylinder. Ihre Architektur gibt auch sie als phönikisch zu erkennen, auch wenn man sich über ihre genaue Datierung immer noch streitet. Hier liegen einige der ganz wenigen monumentalen Zeugnisse phönikischer Kultur vor, die allein vor dem Hintergrund einer blühenden und wohlhabenden Bevölkerung entstanden sein konnten. Im Museum von Tartus, welches in der ehemaligen Kirche Notre Dame untergebracht ist, sieht man noch verschiedene reiche Sarkophage, deren Reliefdarstellungen nach wie vor den ägyptischen Einfluß auf diese Region offenkundig machen.

Abb. III: Grabmäler von Amrit. Kupferstich von Pococke, Description of the East (1745).

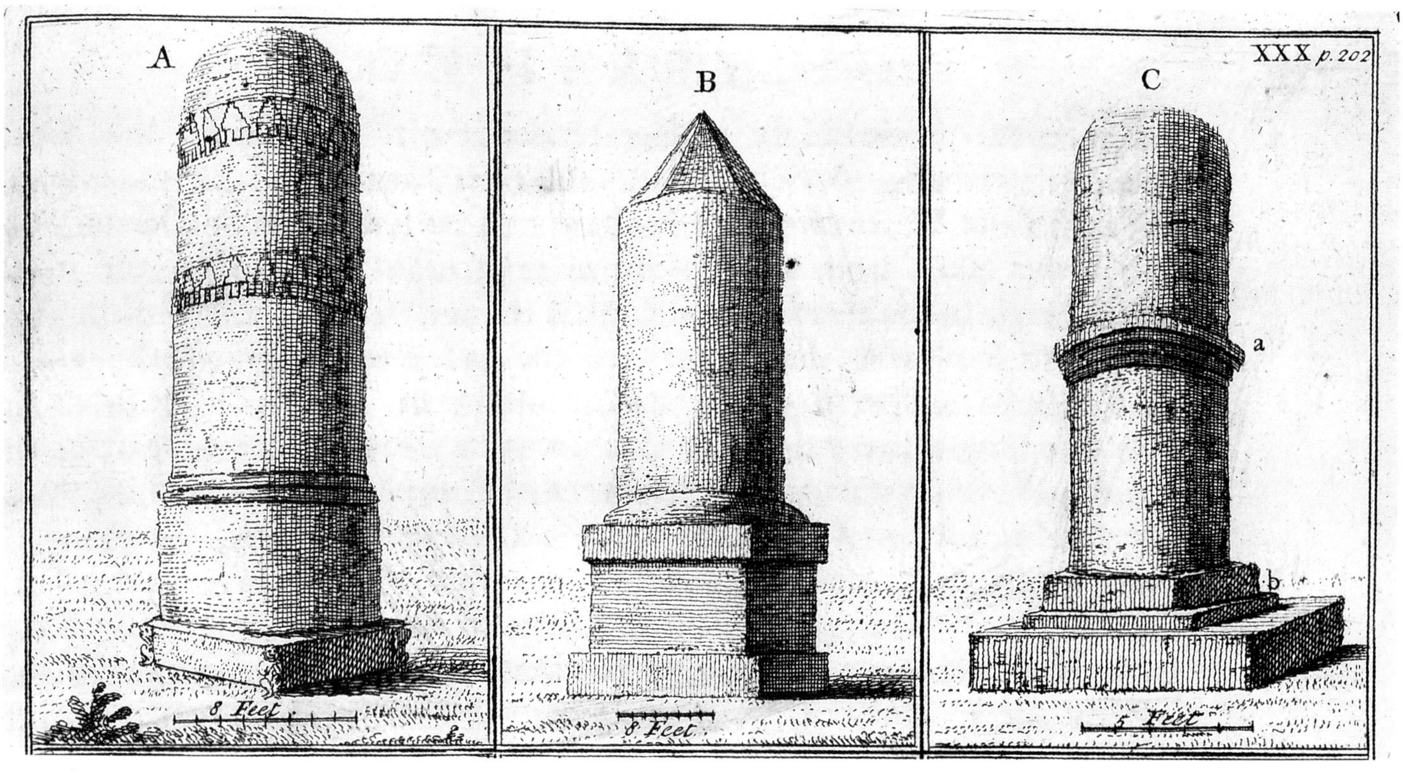

Aramäerstaaten

Der assyrische König Tiglatpileser I. (1114–1076 v. Chr.) erwähnt in seinen Inschriften aramäische Stämme am mittleren Euphrat, dem Djabal Bischri und Tadmor (Palmyra), also der Kernzone der heutigen syrischen Steppe, sowie im Libanon. Unter seinem Sohn werden sie außerdem in Nordmesopotamien bezeugt. In der Schwächeperiode des Mittelassyrischen Staates im 11. und 10. Jht. v. Chr. konnten Aramäer in den Randgebieten Assyriens kleine Fürstentümer gründen, wie das Bit Adini genannte am oberen Euphrat, Bit Bachiani am Chabur, Karkemisch, Bit Agusi nördlich von Aleppo, Hama, Zoba am oberen Orontes, Damaskus und Bit Rehob am oberen Jordan. Das Wort »Bit« bedeutet dabei Haus und nennt mit dem nachfolgenden Eigennamen einen mythischen Ahnherrn. Diese weit verbreitete Denkweise, sich auf einen mythischen Stammvater zurückzuführen, spiegelt sich auch in der Bibel, wo die Aramäer auf Aram, den fünften Sohn Sems, zurückgeführt werden. Sem, der fünfte Sohn Noahs wiederum, soll gemeinsamer Stammvater der Araber, Aramäer, Assyrer und Hebräer gewesen sein.

Die genaueren Abläufe der aramäischen Expansion liegen für uns mangels ausreichender historischer Zeugnisse im Dunkeln. Es gibt jedoch schwache und indirekte Hinweise, daß Aramäer bereits im 13. Jh. in Damaskus ansässig waren und wir somit in der etwas späteren assyrischen Überlieferung nicht ihr erstes Auftreten fassen.

Ammoniter, Moabiter, Edomiter und Israeliten

Die Gründe für die Ausdehnung der Aramäer werden wohl – ähnlich wie 1000 Jahre zuvor bei den Amoritern – Dürreperioden in der Steppe in Verbindung mit einem zu starken Bevölkerungswachstum gewesen sein. Analog dazu ist es erklärlich, daß gleichzeitig mit den aramäischen Stämmen Moabiter, Ammoniter, Edomiter und schließlich Hebräer bzw. Israeliten aus den vormaligen Steppen- und Wüstengebieten sich vermehrt im fruchtbareren Kulturland niederließen. Auch hierzu sind zum Verständnis der syrischen Geschichte einige Bemerkungen einzuflechten, da die Aktivitäten vor allem der israelitischen Stämme immer wieder auch das heutige Syrien betrafen, und sie in wechselvoller Beziehung zu den aramäischen Bevölkerungsgruppen standen.

So ließen sich die Ammoniter im Ostjordanland nieder und gründeten dort ihre Hauptstadt Rabba, das heutige Amman. Ihre feindschaftliche Beziehung zu den Israeliten ist in der Bibel deutlich beschrieben. Im wesentlichen teilten sie das historische Schicksal der Aramäer, unterstanden also wechselweise der Oberhoheit von Assyrern, Babyloniern, Persern, Griechen und Römern. Sie hinterließen keine eigenen schriftlichen Zeugnisse, ebenso wenig treten sie in der archäologischen Überlieferung hervor.

Südlich hiervon, beidseits des Wadi Araba zwischen Rotem und Totem Meer, siedelten sich die Edomiter an, die zu den Israeliten ebenfalls in rivalisierendem Verhältnis standen. Sie wurden von den Nabatäern, die uns später noch beschäftigen werden, nach Westen vertrieben und gründeten dort den Staat Idumäa.

Östlich des Toten Meeres und südlich des Gebietes der Ammoniter lagen die Wohnsitze der Moabiter, die gleichfalls den Israeliten meist feindlich gesinnt waren. Sie gingen später im nabatäischen Reich auf.

Die Israeliten ihrerseits zogen in ihr gelobtes Land Kanaan westlich des Jordan, welches praktisch mit Palästina identisch ist. Zunächst wohnten sie vor allem im Bergland, gerieten bei ihrer Ausdehnung in die Ebenen aber ständig mit den kanaanäischen Stadtstaaten in Konflikt, wie auch mit den an der Küste im heutigen Gaza-Streifen wohnenden Philistern – einem Rest der Seevölkerbewegung. Die Einigung der zwölf hebräischen Stämme gelang schließlich König David um das Jahr 1000 v. Chr. Unter ihm wurde Jerusalem erobert und mit der Überführung der »Bundeslade« – einer Truhe mit den Gesetzestafeln, einem goldenen Krug Manna und dem Stab Aarons – kultischer Mittelpunkt wie auch politische Hauptstadt. David gelang eine kräftige Ausdehnung seines Reiches sowohl in die heutige Biqa'a-Ebene zwischen Libanon und Antilibanon wie auch nach Aram, d. h. dem heutigen Südsyrien mit Damaskus. Die Eroberungen blieben aber wohl ephemer und wurden nicht konsolidiert; statt dessen konnte dort der Aramäer Reson eine mächtige Herrschaft begründen. Auch der Zusammenschluß von Juda und Israel ging verloren, beide hatten sich getrennt der assyrischen Expansion entgegenzustellen, was allein Juda auch gelang, bis es unter Nebukadnezar dem babylonischen Reich eingegliedert wurde und seine »Bundeslade« während des Krieges verlor.

Aufstieg und Fall von Damaskus

Auf aramäischer Seite fehlen steinerne Inschriften oder Archive von Keilschrifttexten weitgehend, weshalb unsere Nachrichten über die inneren Zustände der aramäischen Fürstentümer und damit über die Geschichte der im engeren Sinne syrischen Länder relativ spärlich sind. Doch wissen wir, daß zu Beginn des 1. Jtds. v. Chr. Zoba am oberen Orontes von besonderer Macht war: Es konnte seine Herrschaft über Damaskus bis in das Ostjordanland und die syrische Steppe ausweiten, mußte sich aber nach mehreren Kriegen König David von Juda und Israel geschlagen geben. Hierdurch wurde für Damaskus der Weg frei, um in Südsyrien seine Vormachtstellung zu erlangen bzw. erneut zurückzugewinnen. Der oben bereits erwähnte Reson war hierbei der Hauptaktive: Er war ursprünglich Heerführer in Diensten König Hadad Esers von Zoba gewesen und konnte sich nach dessen Niederlage zum König von Aram-Damaskus emporschwingen. Die weiteren Beziehungen zwischen Damaskus auf der einen und Juda und Israel auf der anderen Seite waren von ständigen Spannungen gekennzeichnet, sperrten die letzteren beiden Staaten doch Damaskus den Handelsweg an die Mittelmeerküste ab.

Eine vereinzelte Nachricht aus weit späterer Zeit mag sich auf diese frühe aramäische Epoche beziehen, wo es heißt, daß man in Damaskus noch viele Königsgräber kenne. Hiervon ist heute nichts mehr bekannt, wie überhaupt mangels Ausgrabungen aus dem gesamten 1. Jtd. v. Chr. keine gesicherten archäologischen Überreste aus Damaskus bekannt sind. Erst aus der Zeitenwende datieren die ältesten sichtbaren Überreste: Teile der Einfassung des damaligen Jupiter-Damascenus-Tempels.

Weit schwieriger für die aramäischen Staaten und Damaskus war jedoch der Konflikt mit dem Neuassyrischen Reich. Konnte dessen König Salmanassar III. zunächst noch abgewehrt werden und scheint König Hazael von Damaskus noch einen erfolgreichen Krieg gegen Juda und Israel geführt zu haben, so wendete sich bald das Blatt gegen die aramäischen Fürstentümer. 853 v. Chr. führte Damaskus eine Koalition gegen Salmanassar III. an, an welcher sich auch Hama und Israel beteiligten sowie ein arabischer Stamm unter einem gewissen Gindibu. Dem kurz vor dem absoluten Höhepunkt seiner Macht stehenden neuassyrischen Reich mit seiner imponierenden Kriegsmaschinerie war in dieser Zeit jedoch kein Gegner gewachsen, so daß die Niederlage bei Qarqar am Orontes unabwendbar war. Die Koalition der aramäischen Fürsten scheint auch nicht sehr haltbar und unter der assyrischen Provinzialverwaltung ohnehin obsolet gewesen zu sein. Ein halbes Jahrhundert später kam es zu einer Auseinandersetzung zwischen Barhadad III. von Damaskus und Zakir von Hama, der mittlerweile seinen Einflußbereich bis zum Tall Afis nördlich von Aleppo ausgeweitet hatte. Grund und Verlauf des Konfliktes bleiben unklar, doch konnte Zakir immerhin eine Siegesstele in Tall Afis aufstellen.

Die sich in diesen Unternehmungen ausdrückende Freiheit vom assyrischen Joch war jedoch wiederum nur ephemerer Natur. Unmittelbar nach diesem Konflikt marschierte dessen König Adad-Nirari III. erneut tief nach Syrien ein und konnte von Damaskus und Israel Tribut verlangen. Für lange Zeit das letzte Mal brachte nun noch einmal Mati'el, der Herrscher des nördlich von Aleppo gelegenen Bit Agusi, einen Kampfverband zusammen, an dem sich auch die ostanatolischen Urartäer beteiligten. Aus dem danach mit Assyrien geschlossenen Vertrag, in dem sich Mati'el zur Auslieferung von Flüchtlingen verpflichten mußte, wie aus der Einnahme seiner Residenz Arpad geht das Ergebnis des Kampfes unmißverständlich hervor. Im Jahre 738 v. Chr. wurde Hama, 732 v. Chr. Damaskus zum wiederholten Male eingenommen.

Die kulturelle Bedeutung der Aramäer

Ähnlich wie die phönikischen Küstenstädte waren die Aramäer zu keiner soliden Staatenbildung imstande. Um so erfolgreicher verbreitete sich dafür ihre Sprache und die aramäische Version der phönikischen Alphabetschrift. Entsprechende Inschriftenfunde reichen von Ägypten bis in den Kaukasus und kommen ab dem 9. Jh. v. Chr. vor. Aus der aramäischen Schrift entwickelten sich die hebräische in Palästina, die nabatäische in Südsyrien, Jordanien und Saudi-Arabien, die palmyrenische in der »Palmyrene« und die »altsyrische« vor allem in Nordsyrien. Während der Zeit des persischen Großreichs hatte sich Aramäisch gegenüber dem Assyrischen so sehr durchgesetzt, daß es als sogenanntes Reichsaramäisch die Verkehrssprache schlechthin in diesem Riesenreich wurde. Gemeinhin gilt es auch als die Sprache Jesu Christi. Die syrisch-orthodoxe oder auch jakobitisch genannte Kirche mit ihrem Patriarchensitz in Homs wie auch die maronitische im Libanon benutzen sie noch immer in ihren Gottesdiensten, und in dem Dorf Ma'alula nördlich von Damaskus wird sie noch heute ganz vereinzelt gesprochen, auch wenn sie akut vom Aussterben bedroht ist.

In dem Zeitraum, um den es hier hauptsächlich geht, gab es neben der aramäischen Schrift noch eine weitere, jedoch nur von regionaler und kurzfristiger Bedeutung: Sie war ein spätes Relikt der hethitischen Kultur, welche in Nordsyrien starken politischen Einfluß besessen hatte. Es handelt sich um das sogenannte Bildluwisch, eine bustrophedon, d. h. von rechts nach links und in der nächsten Zeile von links nach rechts geschriebene Hieroglyphenschrift. Masken und Gesichter in ihren jeweiligen Zeilen schauen auf den Zeilenanfang, was dem Kundigen zweifellos die Orientierung erleichterte.

Die Religion der Aramäer setzt im wesentlichen das vertraute Bild der vorhergehenden Epochen fort: Der oft auch Hadad genannte Baal behält als Wettergott seine überragende Stellung. Vermehrt wissen wir von seiner Verehrung auch auf Bergspitzen, wo man ihm näher als anderswo war. Kürzlich wurde von Archäologen beispielsweise ein Baalheiligtum dieser Zeit in den Alawitenbergen bei Qadmus entdeckt. Doch wird allgemein und wohl zu Recht angenommen, daß er auch an der Stelle des späteren Jupiter-Damascenus-Tempels in Damaskus sein Heiligtum besaß, dort, wo in christlicher Zeit eine Johannesbasilika und in umaiyadischer Zeit die »Große Moschee« errichtet wurde. Nur wenige Stellen in Syrien konnten in dieser eindrucksvollen Art über die verschiedensten und gegensätzlichsten Religionen hinweg die Heiligkeit ihres Platzes bewahren.

Tall Halaf

Davon, wie einer der oben mehrfach erwähnten aramäisch-syrischen Kleinfürsten residierte, repräsentierte und den Göttern einen Tempel baute, kann der »Tempelpalast« vom Tall Halaf eine Vorstellung bieten. Auf der von Baron von Oppenheim ausgegrabenen Stätte an der türkischen Grenze ist heute nichts mehr zu sehen, doch wurde ein Teil der Architektur im Eingangsbereich des Museums von Aleppo wieder aufgebaut. Der Typ des Hauses wird »bit hilani« genannt, war bereits seit dem 2. Jtd. in Syrien verbreitet und besonders im 1. Jtd. vielfach vertreten. Ganz ähnlich wie griechische Tempel besitzt er eine offene Vorhalle, die man durch eine Stellung verschieden gestalteter Stützen betreten konnte. Dahinter lag ein sich in die Tiefe erstreckender Langraum. Besonders prächtig war der Eingang zur Vorhalle gestaltet, im Falle des Gebäudes in Tall Halaf mit drei Stützen in Form von auf zwei Löwen und einem Stier stehenden Menschen. Die Mauersockel wurden mit figürlich skulpierten Mischwesen verziert. Auf den Sockeln dieser »Karyatiden« findet sich in Keilschrift die Inschrift des Erbauers, eines gewissen Fürsten Kapara von Guzana, die wohl in das 8. Jh. v. Chr. gehört. Hiernach nimmt man auch an, daß Tall Halaf ursprünglich Guzana hieß. Leider ist über Kapara sonst nichts bekannt.

Kunst in Basalt und Elfenbein

Es ließen sich noch zahlreiche Stätten in Nordsyrien anführen, die mit vergleichbaren Basaltreliefs oder -plastiken ein erstaunliches Bauwesen und Kunstschaffen offenbaren, doch befinden sich die meisten dieser Zeugnisse heutzutage in Museen und nicht mehr an ihrem ursprünglichen Ort. Eine Ausnahme hiervon bildet der mittlerweile berühmte Tempel von Ain Dara in der Nähe des Simeonsklosters, dessen Ruinen jetzt durch einen Schutzbau unter Dach kommen sollen.

Auch die im syrischen Bereich auf eine sehr alte Tradition zurückblickende Elfenbeinkunst offenbart weiterhin höchstes Kunstniveau. Herausgegriffen seien, vor allem wegen ihrer historischen Aussagekraft, Elfenbeindekorationen des sogenannten Bettes des Hazael, welche im Palast von Arslan Tasch am oberen Euphrat gefunden wurden. Diese sind mit einer Inschrift des Königs Hazael von Damaskus versehen und können natürlich auf mannigfache Art ihren Weg vom Süden des Landes in seinen Norden gefunden haben.

Das Neuassyrische Reich (883–612 v. Chr.)

Nachdem das Mittelassyrische Reich zunächst dem massiven Vordringen aramäischer Stämme hatte weichen müssen, setzte es hauptsächlich im 9. Jh. v. Chr. wieder zu einer erneuten Machtausdehnung an, wie sie schon unter Tiglatpileser I. gesehen worden war. Diesmal sind die Namen Assurnasirpal II. (883–859) und Salmanassar III. (859–824) hiermit verbunden. Im Südosten erreichten sie auf ihren Feldzügen den Persischen Golf, im Westen erneut das Mittelmeer. Bei Qarqar am Orontes wurde im Jahre 853 ein syrisches Heer unter maßgeblicher Führung der Könige von Damaskus und Hamath, dem heutigen Hama, geschlagen. In der neuen assyrischen Residenz Nimrud am Tigris wurden die Tributleistungen der unterworfenen Völker in kniefälliger Gestik – der sogenannten Proskynese – ausführlich in Reliefdarstellungen vorgeführt, wobei auch die Repräsentanten von Arwad und Israel nicht fehlten.

Tiglatpileser III. (745–727) schlug zum wiederholten Male die ewigen Krisenherde Babylonien und Urartu in Ostanatolien. 732 schließlich eroberte er Damaskus und richtete erstmals ein System aus Garnisonen und Gouverneuren zur ständigen Kontrolle der unterworfenen Gebiete ein. Einer seiner Nachfolger, der durch Gewalt an die Macht gekommene General Sargon II. (721–705), konnte 717 Karkemisch einnehmen und damit den letzten selbständigen syrischen Kleinstaat beseitigen. Das heutige Syrien war nun vollständig assyrische Provinz. So zögerte man auch nicht, syrische Bewohner in den Osten an den Tigris zu deportieren und Bewohner von dort nach Syrien zu verschleppen. Asarhaddon (680–669) gelang 671 sogar die Unterwerfung Unterägyptens, das bis zum Jahre 655 gehalten werden konnte, als Pharao Psammetich I. das Heer Assurbanipals wieder vertrieb.

Die im Orient bisher ungekannte Machtfülle wurde in den öffentlich zugänglichen Teilen der Paläste Assurs mit Reliefdarstellungen propagiert, die die Unterwerfung fremder Völker und Bestrafung unbotmäßiger Untertanen in bisher nicht dagewesener Drastik zeigten. Nur ältere ägyptische Darstellungen kommen dem gleich. So wird gezeigt, wie widerspenstige Könige geköpft wurden und assyrische Gefolgsleute diese in einem musikalisch begleiteten Umzug duch Ninive trugen oder andere ehemalige Könige mit einem Schwein oder Hund als Begleittier am Stadttor zu sitzen hatten. Dem scheint die unumschränkte Gewalt des Königs zu entsprechen, der selbstverständlich oberster Heerführer, aber auch höchster Richter und irdischer Stellvertreter des höchsten Reichsgottes Assur war. Sein Herrschaftsanspruch war immer gleichzeitig auch Weltherrschaftsanspruch. Er war durch den Gott Assur eingesetzt, und von ihm hatte der König auch den Auftrag, sein Gebiet zu erweitern! Es konnte vorkommen, daß man aufgrund von Vorzeichen glaubte, der König habe den Zorn der Götter auf sich gelenkt: In diesem Falle konnte der König durch einen Stellvertreter ersetzt werden, der alle Strafe auf sich lenkte und an Stelle des Herrschers getötet wurde. Gesellschaftlich erschien das Neuassyrische Reich immer mehr als reiner Militärstaat. Tragende Säulen des Heeres waren wiederum als Eliteeinheiten die Streitwagen mit bis zu vier Mann Besatzung, die Fußsoldaten und nun auch eine Kavallerie. Neu waren Reflexbögen, die gegenüber den einfacheren Bögen älterer Zeit größere Reichweite und Durchschlagskraft besaßen. Ganz allgemein waren die Waffen durch die Verwendung von Eisen effektiver als in der Bronzezeit geworden. Die Erzählfreude neuassyrischer Reliefdarstellungen – und, im Falle des Provinzpalastes von Til Barsip am oberen Euphrat, auch der Wandmalereien – gibt uns darüber hinaus eine Fülle von Informationen über die Belagerungs- und Pioniertechnik ihrer Zeit, die wir sonst erst wieder aus römischer Zeit so genau kennen.

Die Leistungen des assyrischen Staates waren nicht auf das Militärwesen beschränkt. Hervorgehoben sei nur, daß Assurbanipal eine 30 000 Tontafeln umfassende Bibliothek zusammentragen ließ, die als die erste der Welt gilt, will man die anderen altorientalischen Archive nicht als Bibliotheken, sondern als »Datensammlungen« bezeichnen. Hierüber ist der größte Teil der älteren babylonischen Literatur auf uns gekommen, wozu auch eine Fassung des

Gilgameschepos und astronomisch-astrologische Ausführungen zählen. Assurbanipal nahm für sich außerdem in Anspruch, die Texte aus der Zeit vor der Sintflut lesen zu können.

Assurnasirpal II. ließ sich in Ninive einen Palast mit der Hilfe von 16 000 Einheimischen und 47 000 Deportierten in nur fünf Jahren errichten. Noch sichtbar sind die für die assyrische Architektur typischen, als gigantische Steinreliefs gefertigten mischgestaltigen Türwächter, wie sie in kleinerem Maßstab auch bei der assyrischen Residenz in Arslan Tasch in der Nähe des oberen Euphrat bei französischen Ausgrabungen zutage traten. Zur Eröffnungsfeier ließ Assurnasirpal Nahrung für 70 000 geladene Gäste heranschaffen.

Aber auch dieser machtvolle Staat bestand nicht ewig, es waren die altbekannten Unruheherde, die auch ihn zu Fall brachten. Bergvölker der Kimmerer und Meder im iranisch-anatolischen Hochland und die aus der südrussischen Steppe herandrängenden Skythen zwangen Assur zu zahlreichen Kriegen, auch wenn einige der Gefahren durch die traditionelle Eheschließungspolitik noch behoben werden konnten: So besiegelte Asarhaddon mit dem Skythenkönig Partatua einen Heiratsvertrag und half den Skythen, im iranischen Hochland über Kimmerer, Meder und Perser zu herrschen. Nach dem Tod Assurbanipals (668–627) verfiel Assyrien in Bürgerkrieg, und dem Skythenkönig fehlte der entscheidende militärische Rückhalt. Zwei Jahre später bereits konnten die Meder unter Kyaxares die Skythen vertreiben und eine souveräne Herrschaft im Iran errichten. In Babylon hatte ein chaldäischer Fürst den Thron bestiegen und sich vom assyrischen Reich losgesagt. 614 schließlich wurde Assur von vereinigten Verbänden der Meder und Babylonier eingenommen, 612 die von Sanherib ausgebaute Königsresidenz Ninive. Zwar versuchte ein ägyptisches Heer, Syrien vor einem Vordringen der Meder und Babylonier im eigenen Interesse zu bewahren, doch mußte es 605 bei Karkemisch eine Niederlage hinnehmen. Die medische Herrschaft reichte nun bis Nordmesopotamien und beinhaltete damit auch Teile des heutigen Syrien, während Babylon den größeren Rest Syriens und Palästinas beherrschte. Im Alten Testament wurde die Befreiung von der assyrischen Unterdrückung gefeiert.

Das Neubabylonische Reich (625–539 v. Chr.)

Die Nachfolge der assyrischen Herrschaft in Mesopotamien und in den größten Teilen Syriens trat für rund hundert Jahre das neubabylonische Reich an. Als Angehöriger eines Stammes der Chaldäer, die scheinbar gleichzeitig mit den Aramäern nach Mesopotamien vorgedrungen waren und mit ihnen auch ethnisch eng verwandt waren, gründete Nabopolassar (625–605) die letzte Dynastie von Babylon. Ihr Name hat sich noch bis in die Gegenwart in Gestalt der chaldäischen Christen gehalten, die in Nordostsyrien und im Iraq leben, im türkischen Kurdistan aktuell aber ausgerottet werden. Nabopolassar, der die assyrische Herrschaft stürzte, baute ein durch Eheverträge abgesichertes Bündnis mit den Medern auf. Zur Eroberung Syriens und Palästinas setzte erst sein großer Nachfolger Nebukadnezar II. (604–562) an. Die Einnahme von Damaskus wurde schon erwähnt, ebenso diejenige Jerusalems, welches einschließlich des Tempels des Salomon im Jahre 586 zerstört wurde. Die Bevölkerung wurde im großen Stil nach Babylonien deportiert, ein Vorgang, der uns als die »Babylonische Gefangenschaft« ein geläufiger Begriff geworden ist. Zwei Felsreliefs im Wadi Brisa im Libanon stellen Nebukadnezar im Kampf mit einem Löwen und beim Fällen einer Zeder dar. Obwohl eigentlich außerhalb der Betrachtung eines syrischen Geschichtsabrisses, so soll doch ins Gedächtnis gerufen werden, daß mit seinem Namen der prächtige Ausbau Babylons mit dem in Berlin wiederaufgebauten Ischtartor und der Prozessionsstraße verbunden ist, zu denen die wunderbaren Reliefflliesen mit mythischen Darstellungen in altbabylonischer Tradition gehören, die in deutlichster Abkehr von den assyrischen »historischen« Reliefs stehen.

539 v. Chr. war jedoch das Ende des Neubabylonischen Reiches mit einer Niederlage gegen den Perserkönig Kyros II. besiegelt, nachdem derselbe schon vorher die medische Herrschaft beseitigt hatte.

Das Medische Reich

Das Entstehen des Medischen Reiches wurde bereits im Zusammenhang mit dem Untergang des neuassyrischen Reiches geschildert. Da Teile Nordsyriens zeitweise zum Medischen Reich gehörten, bedürfen die damit zusammenhängenden Ereignisse auch hier der Erwähnung. Allerdings blieb die Herrschaft der Meder Episode; selbst ihre Kultur in der Hauptstadt Ekbatana ist von archäologischer Seite bisher kaum faßbar, geschweige denn, daß sie für uns erkennbare Spuren in Syrien hinterlassen hätte. Über das Ende des Medischen Reiches sind wir durch babylonische Quellen und Herodot gut unterrichtet: Demnach brach während eines Feldzuges des Mederkönigs Astyages gegen den Perser Kyros II. im Jahre 550 eine Revolte im Heer aus, in deren Rahmen Astyages an Kyros ausgeliefert wurde. Damit war de facto die Gründung des Persischen Weltreichs unter der Dynastie der Achämeniden eingeleitet.

Der Nahe Osten unter den Achämeniden

Nacheinander konnten die Angehörigen der Achämenidischen Dynastie die medische Herrschaft in Kleinasien sowie die neubabylonische im Vorderen Orient beseitigen. Kyros II. war dabei auf achämenidischer Seite die entscheidende Figur, da er 550 v. Chr. die Meder und 539 v. Chr. die Babylonier aus dem Felde schlug; sein Sieg aus dem Jahre 546 über die westkleinasiatischen Lyder sei der Vollständigkeit halber ins Gedächtnis zurückgerufen, obwohl er die syrische Geschichte nicht eigentlich berührt. Kyros II. legte seine Hauptstadt in Pasargadae an – spätere Herrscher verlegten sie nach Susa und Persepolis (Dareios I.). Sein Nachfolger Kambyses II. (529–522) besiegte im Jahre 525 – unter anderem mit der Hilfe griechischer Söldner – bei Pelusium im Nildelta Pharao Psammetich III. Der Pharao wurde als Gefangener nach Susa deportiert, doch soll Kambyses selbst auf dem Rückzug in Damaskus gestorben sein. Sein Nachfolger Dareios I. (521–486) erwähnt in seinem in den Fels von Bisutun geschlagenen Rechenschaftsbericht Siege über 19 Könige. Ähnlich wie später Alexander d. Gr. zogen seine Truppen bis zum Indus, umschifften von dort aus die Arabische Halbinsel und segelten das Rote Meer aufwärts bis zu einem Kanal, der über das Nildelta in das Mittelmeer führte. Lediglich sein Ausgreifen nach Europa konnte im Jahre 490 bei Marathon gestoppt werden, ebenso wie der zweite Versuch seines Nachfolgers Xerxes (485–465) durch die bekannten Niederlagen bei Salamis, Plataeae und Mykale (480/479). Just zu dem Zeitpunkt, an dem sich eine erstmals vom Orient emanzipierte europäische Kultur herausbilden sollte, konnte die Einverleibung Griechenlands als äußerste Westprovinz in das Persische Weltreich mit äußerster Mühe verhindert werden. Xerxes, wie auch sein Nachfolger Artaxerxes (464–424), war darüber hinaus ständig mit schweren ägyptischen Aufständen konfrontiert, die sogar zu einer zeitweisen Loslösung des Nillandes vom Achämenidenreich führten. Syrien und die palästinische Küste müssen ständiges Truppenaufzugsgebiet gewesen sein. 349 v. Chr. tritt denn auch Sidon mit einem Aufstand unter Tennes deutlich in das Rampenlicht der Geschichte, auch wenn dieser – wie so viele Erhebungen – durch das persische Heer mit seiner Garde der »Unsterblichen« unterdrückt werden konnte.

Die Reichsgliederung

Dareios I. hatte des Reich in zwanzig Satrapien gegliedert, an deren Spitze jeweils ein Satrap stand, ein mit bedeutender Macht und erheblichen Mitteln ausgestatteter Fürst, der aber von Vertrauten des Großkönigs, seinen »Augen und Ohren«, überwacht wurde: Maussolos von Halikarnassos, dessen Grabmal zu den Sieben Weltwundern gehörte, ist der wohl bekannteste. Syrien war zusammen mit Zypern, Phönikien und Palästina Teil der 5. Satrapie, die jährlich 350 Talente Silber zu zahlen hatte. Der Landesteil der Araber wird bei Herodot von der Tributpflicht ausdrücklich ausgenommen. Assyrien und Babylonien hatten als 9. Satrapie zusammen immerhin 1000 Talente abzuführen, ferner 500 verschnittene Knaben. Letztere Satrapie umfaßte vermutlich das Land östlich des Euphrats, während die 5. Satrapie, die damals auf aramäisch »Land jenseits des Flusses« hieß, das Gebiet westlich hiervon war.

Kyros II. hatte den unter Nebukadnezar II. nach Babylon deportierten Judäern erlaubt, wieder nach Jerusalem zurückzukehren und den zerstörten Jahwe-Tempel Salomons wiederaufzubauen. Im Jahre 515 konnte der Neubau eingeweiht werden: Die judäische Gemeinde hatte wieder ihr kultisches Zentrum, auch wenn die Bundeslade fehlte. Ein großer Teil der Judäer war aber auch in Babylon verblieben und bildete dort seitdem eine der bedeutendsten Gemeinden im Nahen Osten. Zu dieser Zeit scheinen auch die Gesetze (Tora) in den Fünf Büchern Mose fixiert worden zu sein sowie erstmals eine monotheistische Religion konsequent gelehrt und – beschränkt auf die Angehörigen der judäischen und israelitischen Stämme – angewandt worden zu sein, während sich aus früherer Zeit im Alten Testament ja zahlreiche Klagen über die Verehrung anderer Götter neben Jahwe erhalten haben.

Die archäologischen Hinterlassenschaften jener Zeit im eigentlichen Staatsgebiet des heutigen Syrien sind vergleichsweise gering: auf die Grabbauten an der phönikischen Küste bei Amrit und das Wasserheiligtum ebendort wurde schon verwiesen. Vielleicht stammen auch noch die monumentalen Befestigungsreste auf der Insel Arwad aus jener Epoche. Bezieht man die phönikischen Küstenstädte im Libanon in die Betrachtung mit ein, so muß dieser schmale Streifen Land dank seines Handels ein recht wohlhabender gewesen sein, wovon mancherlei archäologische Denkmäler Zeugnis ablegen. Nach wie vor zeigt sich dort ägyptischer Einfluß in Kunst und Kultur, neben den jetzt aber auch verstärkt griechische Elemente treten.

Dennoch gilt den antiken Schriftstellern Damaskus als die wichtigste Stadt der 5. Satrapie. Leider geben die schriftlichen Zeugnisse kein detailliertes Bild von der Stadt jener Zeit, geschweige denn, daß archäologische Funde hierbei weiterhelfen könnten. Wir kennen allein die Nachricht, der zufolge Dareios III. nach seiner Niederlage im Jahre 333 bei Issos gegen Alexander d. Gr. seinen Hofstaat und die Kriegskasse nach hierher bringen ließ, wo sie jedoch kurze Zeit später einem der Generäle des Makedonenkönigs in die Hände fiel. Damaskus muß also damals eine als sicher geltende Burg besessen haben.

Das hellenistische, römische und christliche Syrien

Alexanders Feldzug

Mit der Eroberung des Orients durch den Makedonen Alexander d. Gr. beginnt eine rund tausendjährige Einbeziehung Syriens in den Kreis der griechischen und römischen Staatsgebilde, die erst im Jahre 637 n. Chr. mit der Schlacht am Jarmuk beendet wurde, als das byzantinische Heer den islamischen Eroberern unterlag. Was gemeinhin als Epoche westlicher Vorherrschaft betitelt wird, stellt sich bei genauem Hinsehen jedoch als ein differenziertes Geben und Nehmen zwischen östlicher und westlicher Kultur dar, was im folgenden deutlich gemacht werden soll. Zunächst gilt es jedoch, uns kurz den historischen Hintergrund mit einigen Fakten zu vergegenwärtigen.

Die Eröffnung dieser Periode ist durch die Schlacht bei Issos im Jahre 333 v. Chr. in aller Deutlichkeit markiert. Durch die sogenannte Kilikische Pforte oberhalb der Stadt Tarsus an der türkischen Küste zog das makedonische Heer in die Ebene am östlichen Mittelmeerknie. Südlich dieses Küstenknicks an den westlichen Ausläufern des Amanos trafen das persische und das griechische Heer bei dem Örtchen Issos aufeinander. Nachdem Dareios III. seine aussichtslose Lage klar geworden war, wendete er sich zur Flucht über die amanischen Pässe und konnte noch einmal entkommen. Die strategisch bedeutenden Pässe des Amanus wurden jedoch makedonisch besetzt.

Von hier aus wandte sich Alexander nach Süden der Küste entlang, wo er Gerostratos von Arados bei Tartus unterwarf, der über ein Gebiet bis jenseits der Alawitenberge in die Orontesebene hinein herrschte: Mariamme, Fundort eines spätantiken Mosaiks mit der Darstellung einer Wasserorgel, gehörte noch zu ihm. Ob bei dieser Gelegenheit bereits eine makedonische Besatzung in das später so wichtige Apamea bzw. das imponierend über der Ebene gelegene Qala'at al-Mudiq am Ostrand des Orontestales kam, darf an dieser Stelle noch fraglich bleiben, bald muß jedoch eine Garnison in den nun von den Makedonen Pella genannten Ort verlegt worden sein.

Während Alexander weiter der Küste entlang nach Ägypten zog und hierbei nach jeweiligen Belagerungen Tyros und Gaza einnahm, wandte sich sein General Parmenion nach Damaskus, der damals wichtigsten Stadt der 5. persischen Satrapie, und erbeutete dort die persische Kriegskasse. Erst auf seinem Rückweg von Ägypten besuchte Alexander auch Damaskus. Noch im Jahre 331 überschritt er bei Thapsakos den Euphrat, wobei immer noch keine Einigkeit erzielt werden konnte, wo dieses Thapsakos genau lag. Auf jeden Fall muß es im Bereich des Euphratknies gewesen sein, von wo er die Djazira durchzog und den Tigris überschritt, um bei Gaugamela erneut über das persische Heer zu obsiegen und sich zum König von Asien ausrufen zu lassen. Das vorzeitige Ende des erst 33jährigen Alexanders in Babylonien im Jahre 323 v. Chr. führte dann zu zwanzig Jahre währenden Auseinandersetzungen seiner Generäle über das Erbe des Erobers, an dessen Ende eine Reichsteilung stand.

Die Seleukiden

Nach der Schlacht von Ipsos in Anatolien im Jahre 301 war Seleukos I. Nikator unbestrittener Herrscher des Seleukidenreichs, welches von der indischen Grenze bis nach Kleinasien reichte und auch die nördliche Hälfte Syriens mit einschloß; hingegen blieben der südliche Landesteil mit Damaskus und vor allem die phönikische Küste ein ewiger Zankapfel mit den ptolemäischen Königen Ägyptens. Hauptstadt des Seleukidenreiches wurde zunächst Seleukia am Tigris im heutigen Iraq, doch verlegte Seleukos schon 289 v. Chr. das Machtzentrum nach Antiochia am Orontes, dem heutigen Antakya. Beide Residenzen waren Neugründungen dieses Herrschers gewesen, von dem insgesamt vierzig Städte-»Gründungen« überliefert sind und der somit ein gigantisches Urbanisierungs- und Hellenisierungsprogramm ins Leben rief. Manche dieser Städte waren tatsächliche Neugründungen, andere erhielten an der Stelle einer schon bestehenden einheimischen Siedlung neue griechische Namen und vermutlich auch neue stadtplanerische Elemente: Wir wissen dies aus historischen Quellen, doch fehlen zumeist klare archäologische Überlieferungen, die uns ein Bild darüber vermitteln könnten, wie eine solche Neugründung konkret aussah. Die Verlegung der Hauptstadt nach Nordsyrien verlagerte auch den politischen Schwerpunkt des Seleukidenreiches dorthin: Antiochia wurde die wichtigste Stadt Syriens und blieb als letztes Überbleibsel dieser Tradition seit dem Konzil von Chalkedon 451 n. Chr. bis heute nomineller Sitz des griechisch-orthodoxen Patriarchen Antiochiens, also der größten christlichen Gemeinde Syriens, auch wenn dieser heutzutage in Damaskus residiert.

Die Macht der Seleukiden war von ständigem Zerfall gekennzeichnet; seine gigantischen Ausmaße machten das Reich zu einem unbeherrschbaren Riesen. In Persien konnte die Gründung eines parthischen Reiches im Jahre 247 v. Chr. nicht verhindert werden, welches nach und nach das iranische Hochland, Ostanatolien und Mesopotamien einnahm. Der Euphrat wurde in Syrien schließlich 130/129 v. Chr. nach einer Niederlage Antiochos' VII. Sidetes zur Westgrenze der Parther. Im Süden hatte man mit wechselndem Erfolg sechs Kriege mit den Ptolemäern zu führen.

Eine Ausnahme der im Lichte der antiken Geschichtsschreibung vielfach dekadent erscheinenden Seleukiden war offensichtlich Antiochos III., der Große. Er konnte sein Reich auf Kosten der Ptolemäer nach Süden ausdehnen und erstmals ganz Palästina seinem Gebiet einverleiben. Neben der kurzfristigen Rückeroberung Asiens hatte er sich jedoch auch erstmals mit Rom auseinanderzusetzen und bezog 190/189 v. Chr. bei Magnesia in Westkleinasien eine schwere Niederlage gegen das republikanische Heer unter Lucius Cornelius Scipio und Scipio Africanus. Die harten Friedensbedingungen seitens Roms trennten Kleinasien nördlich des Taurus vom Seleukidenreich ab und forderten hohe Tribute wie auch die Vernichtung der indischen Kriegselefanten.

Bevor der Niedergang der seleukidischen Macht und das damit einhergehende Erstarken einheimischer Fürstentümer in Syrien beschrieben wird, soll erst ein Blick darauf geworfen werden, was an archäologischen Hinterlassenschaften der seleukidischen Könige eigentlich geblieben ist.

Seleukidische Städtegründungen

Man sollte meinen, daß angesichts historisch bezeugter vierzig Städtegründungen oder Umbenennungen älterer schon bestehender Ansiedlungen mit der damit verbundenen Einführung griechischer Kultur und der zu ihr unabdingbar gehörenden baulichen Einrichtungen einiges an archäologischen Zeugnissen übrig geblieben sein müßte. Dies ist jedoch mitnichten der Fall. Generell ist spätere Überbauung und damit verbundene Zerstörung der wohl wichtigste Grund dafür. Dies setzte bereits im gewaltigen Maße während der römischen

Kaiserzeit ein, d. h. vor allem im 2. und 3. Jh. n. Chr.: Fast alle prächtigen Säulenstraßen Syriens stammen erst aus dieser Zeit, auch wenn man davon ausgehen darf, daß Straßenführung und Stadtplanung schon hellenistischen Ursprungs sind. Von den Überbauungen und Zerstörungen noch späterer Zeit soll hier gar nicht gesprochen werden.

Laodikea (Lattakia)

In Lattakia, dem antiken Laodikea, hat sich immerhin noch das rechtwinklige Straßensystem der Neugründung von Seleukos I. erhalten. Vereinzelt steht noch die eine oder andere Säule am Straßenrand, zwischen denen heute kleine Lädchen liegen; in der Antike war dies erst der Rand der Fahrstraße, hinter welchem der Fußgängerweg folgte. In der heutigen Hafenstadt hat sich mit dem »Tetrapylon« immerhin noch ein Bauwerk erhalten, welches einen monumentalen Eingang zu einem Heiligtum gebildet haben dürfte. Seine Entstehung um die Zeitenwende läßt es als wichtiges architektonisches Zeugnis des untergehenden Hellenismus erscheinen. Seine Erhaltung erklärt sich aus der Tatsache, daß es bis in die Neuzeit hinein als Kirche benutzt wurde.

Apamea

Übersteigt man von Lattakia aus das Alawitengebirge und durchquert noch den Grabenbruch des Orontes, so gelangt man an seiner Ostseite nach Apamea: Auf einem kleinen Bergsporn direkt am Abbruch erhebt sich Qala'at al-Mudiq, die Burg Apameas; die Stadt selbst liegt direkt dahinter. Für die

Abb. IV: Tetrapylon von Lattakia. Kupferstich von Pococke.

Abb. V: Antiochia mit antiker Stadtmauer. Kupferstich von Cassas, Voyage pittoresque de la Syrie, de la Phenicie et de la Basse Egypte (1799).

seleukidischen Könige war Apamea Waffen- und Truppenarsenal, hier standen die gefürchteten indischen Kriegselefanten, deren Vernichtung in Friedensverträgen nicht weniger unabdingbares Anliegen war als es heute die Verschrottung von Raketen ist. Die antike Stadt liegt noch unter weiten Feldern, sie wurde also in der Moderne nicht überbaut, doch ist sie nur zu einem kleinen Teil ausgegraben worden. Alles, was heute sichtbar ist, stammt erst aus römischer und byzantinischer Zeit.

Antiochia

Noch ungünstiger sieht es in der Hauptstadt Antiochia aus, dem heutigen Antakya: Unter vielen Meter hohen Schlamm- und Schuttschichten liegt die antike Weltstadt begraben. Allein phantastische Mosaiken aus dem Villenvorort Daphne aus römischer Zeit lassen ahnen, welche Pracht hier herrschte.

Dura Europos

Eine der kleineren Gründungen Seleukos' I. scheint Dura Europos gewesen zu sein, gelegen am Euphrat, nicht mehr weit von der heutigen irakischen Grenze. Im »Pompeji am Euphrat«, wie man es wegen seiner ausgesprochen wichtigen Ausgrabungen nennt, haben sich unter den Bedingungen des trockenen Steppenklimas Funde erhalten, die sonst meist verloren gegangen sind. Hier wurden wehrfähige makedonische Männer angesiedelt, die sich ganz im Sinne

Alexanders d. Gr. offensichtlich mit einheimischen Frauen vermählten und eine orientalisch-griechische Mischkultur hervorbringen sollten. Offizielle Sprache, politische Institutionen und Stadtanlage waren griechisch, doch die Träger dieser Kultur wurden mehr und mehr semitisiert. Diese Verhältnisse lassen sich in Abstufungen auf ganz Syrien übertragen, wo Phöniker, Aramäer und Araber die westliche Kultur mehr und mehr selbst nutzten und sich dienstbar machten. Dura Europos blieb immer ein Vorposten erst griechischer und später römischer Kultur im äußersten Spannungsfeld zu seinen östlichen Nachbarn.

Kaum überraschend konnten die seleukidischen Könige ihre östlichsten Besitzungen nicht auf Dauer behaupten: Die Parther eroberten unter Mithridates I. in der Mitte des 2. Jhs. v. Chr. Seleukia am Tigris, und offensichtlich um 113 v. Chr. kam auch Dura Europos unter ihre Herrschaft. Erst mit der ephemeren Gründung der Provinz Mesopotamia unter Kaiser Trajan im Jahre 114 n. Chr. gelangte die Stadt wieder unter westliche, nun römische Herrschaft, um aber kurz darauf wieder aufgegeben zu werden. Unter Marc Aurel wurde im Jahre 164 n. Chr. der Ort erneut vom römischen Heer erobert, fiel jedoch im Jahre 256 wieder an die östlichen Nachbarn, diesmal die Nachfolger der Parther, die Sassaniden. Ab da war dem Platz nur noch ein bescheidenes Nachleben vergönnt, um bald darauf völlig verlassen zu werden. Geographie und Politik machten die Stadt damit zu einem höchst interessanten Fall okzidentalisch-orientalischer kultureller Auseinandersetzung, deren Erforschung noch lange nicht abgeschlossen ist.

Der Ort liegt in mächtiger Stellung hoch über dem Euphrat, seine Befestigungsmauern sind von weither erkennbar; beides zeigt, daß seine Position unter strategischen Gesichtspunkten gewählt wurde.

Djabal Chalid

Ganz ähnlich wurde auch der Bauplatz der erst seit jüngster Zeit bekannten und untersuchten hellenistischen Siedlung auf dem Djabal Chalid am oberen Euphrat ausgesucht. Auf der höchsten Bergspitze lag ein kleiner Palast; interessant sind in den Fels eingetiefte unterirdische Wohnungen, die in den heißen Sommern Schutz vor der unerträglichen Hitze geboten haben müssen. Ganz ähnliche Behausungen aus vermutlich späthellenistischer Zeit findet man in Mghara im Südlichen Kalksteinmassiv, wovon noch die Rede sein wird.

Hierapolis

In nicht allzu weiter Entfernung vom Djabal Chalid liegt an der Straße von Aleppo an den Euphrat die Stadt Membidj. Sie ist heute kaum einen Besuch wert, doch ist ihre Geschichte höchst interessant, zeigt sie doch, wie sehr unter einer dünnen hellenistischen Tünche das orientalische Leben in ganzer Pracht und Fülle weiterverlief. Die Griechen nannten den Ort Hierapolis, heilige Stadt, was klar verrät, daß der Platz einem wichtigen Heiligtum seine Bedeutung verdankte, nämlich demjenigen einer großen weiblichen Fruchtbarkeitsgöttin: Meist wurde sie Atargatis genannt, bekannt ist sie auch als »Dea Syria«, für die Griechen war sie Hera, für die Römer Juno, manche nannten sie auch Venus oder Aphrodite. Ihr männlicher Begleiter war Hadad.

Gemäß einer legendären Überlieferung wurde ihr Heiligtum von Stratonike, Gemahlin Seleukos' I., erbaut, doch geht dessen Geschichte in Wirklichkeit tief in die altorientalische Zeit zurück. Bereits zu Zeiten Alexanders d. Gr. ließ hier ein gewisser Abdhadad, »Diener des Hadad«, Münzen prägen – mit seinem Namen auf aramäisch und nicht in griechisch; er bezeichnete sich dort als Priester in Manbog, wie der Ort so oder ähnlich auf aramäisch hieß.

Die bei Lukian von Samosata im 2. Jh. n. Chr. festgehaltene Gründungslegende berichtet dagegen, daß Atargatis der Königin Stratonike im Traum den Bau des Tempels in Hierapolis befohlen habe. Zum Schutz und zur Unterstützung Stratonikes gab ihr Mann, der »König der Assyrer« – tatsächlich Seleukos I. – ihr einen jungen Mann namens Kombabos mit; dieser fürchtete jedoch, den Reizen seiner Königin nicht standhalten zu können und ahnte Ungemach mit deren Ehemann. Also kastrierte er sich und gab seine Genitalien in einem versiegelten Behälter seinem König zur Aufbewahrung. In Hierapolis selbst verliebte sich aber Stratonike ihrerseits in Kombabos, und hieran änderte auch das Geständnis seiner zurückliegenden Entmannung nichts mehr.

Auf diese fromme Legende wurde die zu Lukians Zeiten noch herrschende Tempelprostitution zurückgeführt, ein im gesamten Orient und gerade an der phönikischen Küste verbreiteter Brauch, der auch schon im Alten Testament gegeißelt wird. Nach Lukian sei diese Art öffentlichen Beischlafs jedoch als heilig empfunden worden, und deshalb sei auch niemand eifersüchtig gewesen. Auch kam es in den mitunter wohl äußerst ekstatischen orientalischen Fruchtbarkeitskulten nicht ganz selten zu Selbstentmannungen; anders ist der Erlaß eines der Könige von Edessa aus dem 3. Jh. n. Chr. nicht zu erklären, welcher diese Praxis unter Androhung von Abhacken der Hand ausdrücklich verbot.

Gemäß Lukians Beschreibung lag in der Mitte der Stadt, von zwei Mauern umgeben, das Heiligtum der Atargatis. Am Eingang des Bezirkes standen zwei riesige Phalloi, die angeblich Dionysos dorthin gestellt haben soll. Zweimal im Jahr bestieg diese ein Priester für jeweils sieben Tage, um bei seinen Gebeten der Göttin näher zu sein. Für Pilger – die unter anderem aus Ägypten, Äthiopien, Arabien, Armenien, Babylonien, Indien, Kilikien, Persien und Phönikien kamen –, die eine wertvolle Votivgabe darbrachten, betete der Priester unter dem schrillen Lärm metallener Musikinstrumente. Ferner durfte er während dieser sieben Tage niemals schlafen, andernfalls hätte ein Skorpion ihn gebissen. Der Tempel selbst habe ausgesehen wie die Tempelbauten in Ionien, er war mit viel Gold ausgestattet und hatte eine besondere innere Kammer, in der die goldenen Kultbilder der Atargatis, ihres männlichen Begleiters und eines nicht näher bezeichneten Kultmals standen: diesen Raum durften nur ausgewählte Priester betreten. Davor stand ein Thron für den Sonnengott, ein Kultbild eines bärtigen und bekleideten Apollon, von Atlas, Hermes und der Nymphe Eileithyia. Zweimal täglich wurde dem Jupiter und der Juno geopfert.

In unmittelbarer Nähe befand sich ein See mit heiligen Fischen darin, in den zweimal im Jahr im Rahmen einer großen Prozession aus unzähligen Amphoren Wasser – vermutlich aus dem Euphrat – geschüttet wurde. Bereits in frühchristlicher Zeit ließ man diesen See absichtlich verschlammen, doch gibt es heute noch ein in seiner Funktion ursprünglich ganz gleiches Gewässer, welches als »Abrahamsteich« in Edessa auch Christen und Muslimen heilig blieb.

Der Verfall des Hellenismus

Die dünne Decke des Hellenismus im Orient machte sich in seiner Spätzeit jedoch auch anders bemerbar: Seit 166 v. Chr. bildeten die jüdischen Makkabäer – bei Flavius Josephus werden sie Hasmonäer genannt – einen ständigen Unruheherd gegen die seleukidische Herrschaft: Aus religiösen und nationalen Gründen wurden permanent Aufstände angezettelt. Nur vier Jahre später konnten sie ihr Heiligtum auf dem Tempelberg in Jerusalem neu weihen. Simeon, einer der Nachfolger des Makkabäus, wurde im Jahre 140 v. Chr. auf Volksbeschluß Hoherpriester, Ethnarch und Feldherr auf Lebenszeit und etablierte erst damit die eigentliche Makkabäerdynastie. Ständige Auseinandersetzungen mit den Seleukiden führten zu einer stetigen Erweiterung ihres Gebietes, wovon – zumindest anfangs noch – hauptsächlich das nördliche Jordanien betroffen war.

Des weiteren trat mit Armenien eine weitere Macht auf den Plan, jenes lange Zeit unbeachtet gebliebene Gebilde in Ostanatolien, das die Assyrer noch Urartu genannt hatten. Zwischen 83 und 66 v. Chr. war es ihrem König Tigranes III. gelungen, auch nördliche Teile Syriens beidseits des Euphrats in sein Herrschaftsgebiet auf Kosten von Seleukiden und Parthern zu bringen.

Lokale Herrscherhäuser

Parallel zu diesen »internationalen« Konflikten kam es zu weiteren Entwicklungen: Im Machtvakuum von Seleukiden und Parthern konnten sich in Syrien ab dem späten 2. Jh. v. Chr. lokale Fürstentümer arabischer Prägung bilden. Nominell zwar unter seleukidischer oder parthischer Oberherrschaft stehend, tatsächlich aber einen selbständigen Machtfaktor bildend, mußte man sich mit ihnen arrangieren.

Einer davon war im Norden das arabische Geschlecht der Abgariden, welche nach der Niederlage Antiochos' VII. gegen die Parther in Edessa eine lokale Herrschaft im Partherreich gründen konnten. Ihr Gebiet wurde Osrhoëne genannt und umfaßte zunächst nur einen Umkreis von vielleicht 40 km um Edessa; später wurde der Name Osrhoëne auf die gleichnamige römische Provinz zwischen Euphrat und Balich übertragen. Die hier gebräuchliche Sprache war trotz der als arabisch bezeichneten Dynastie altsyrisch, ein aramäischer Dialekt. Beschränkten sich die Schriftzeugnisse dieser Kultur anfangs noch auf Inschriften von Grabmälern, wie bei dem benachbarten Grabturm von Sirrin, so fließen ab der Spätantike eine große Zahl altsyrischer christlicher Texte. Offenbar konnte sich die aramäische Grundbevölkerung hier immer recht frei von griechischer und römischer kultureller Einflußnahme entfalten und uns so ein besonders wichtiges Beispiel dafür überliefern, wie sich bodenständige Kultur Syriens in jener Zeit äußern konnte. Ihr berühmtester heidnischer Vertreter ist Lukian von Samosata, besonders durch seine Gespräche der Götter, Meergötter, Toten und Hetären berühmt; auch wenn er seine Werke in griechisch verfaßte, bezeichnete er sich doch selbst als Assyrer. Als ein Königreich, das sich rühmte, das erste christliche Herrschaftsgebiet dieser Welt zu sein – seine Könige sollen nach der Legende im 3. Jh. das Christentum angenommen haben – gelangte Edessa zu größerer Bekanntheit.

Heute ist hiervon nichts mehr zu sehen: Keine Kirche steht mehr, angeblich soll es noch zwei christliche Familien im heutigen Urfa geben. Allein einige Plätze haben ihre alte Tradition bewahrt, wie etwa der heilige Abrahamsteich, welcher neben dem alten Atargatis-Heiligtum lag: Die dortigen Fische waren schon dieser Göttin heilig, blieben es in christlicher Zeit und sind es noch heute für die Moslems.

Eine weitere, deutlicher hervortretende arabische Dynastie konnte sich in Homs, dem antiken Emesa, etablieren. Von ihr wird das erste Mal berichtet, wie sie dem Feldherrn Pompeius während seiner Eroberung Syriens im Jahre 64 v. Chr. huldigte, was nichts weiter heißt, als daß sie damals schon eine Zeitlang ihre Unabhängigkeit gegenüber dem Seleukidenreich durchsetzen konnte. Die Vertreter des Fürstengeschlechts hießen abwechselnd Samsigeramus, Sohaemus und Iamblichus. Rom ließ sie als Vasallen entweder bis unter Kaiser Vespasian (69–79 n. Chr.) oder Domitian (81–96 n. Chr.) gewähren, danach wurden auch diese Lokaldynasten abgesetzt. Das noch bis zum Anfang dieses Jahrhunderts erhaltene Pyramidengrab des letzten Samsigeramus in Homs trug die Inschrift des Toten bereits, ohne ihm einen Titel zuzubilligen. Meist nimmt man auch an, daß die prunkvollen Gardehelme aus Homs im Damaszener Nationalmuseum aus den Gräbern von Angehörigen dieser Dynastie stammten.

In der syrischen Steppe stieß das Gebiet von Homs bereits an dasjenige von Palmyra, auf das später noch zu kommen sein wird; in hellenistischer Zeit trat es noch nicht so deutlich wie später in Erscheinung.

Südwestlich von Homs, in der Biqa'a-Ebene im Libanon, hatte sich ein weiteres Fürstentum mehr und mehr selbständig machen können, welches vom Volk der Ituräer getragen wurde. Der Geograph Strabo, welcher um die Zeitenwende schrieb, unterscheidet ausdrücklich Ituräer und Araber in jener Region und nennt beide Räuber, die die einheimischen Bauern bedrängten. Wir können jedoch nicht ganz sicher sein, was er unter »Arabern« verstand, zumal sein Zeugnis durch dasjenige eines anderen griechischen Historikers, Cassius Dio, relativiert wird, welcher nämlich von »ituräischen Arabern« spricht.

Abb. VI: Grabmal des arabischen Fürsten Samsigeramus in Emesa. Kupferstich von Cassas, Voyage pittoresque de la Syrie, de la Phenicie et de la Basse Egypte (1799).

Die Nabatäer

Im gleichen Zusammenhang ist auf die Entstehung des nabatäischen Königreiches zu verweisen, auch wenn es nur mit seinem kleinsten Teil Syrien berührte. Seine eigentlichen Gebiete waren Nordwestarabien, Jordanien und der Sinai, seine Hauptstadt war Petra im Süden Jordaniens. Die antiken Schriftsteller bezeichnen die Nabatäer einhellig als Araber, doch benutzten diese in ihrer nabatäischen Schrift einen aramäischen Dialekt, was vielleicht vor dem Hintergrund der Tatsache zu sehen ist, daß Aramäisch ursprünglich die Verkehrssprache im Nahen Osten gewesen war und so zur gesprochenen Alltagssprache der meisten Einheimischen im westlichen »Fruchtbaren Halbmond« wurde. Bereits in den Wirren nach dem Tod Alexanders d. Gr. fehlte es nicht an einem Versuch, die Nabatäer der griechischen Koinè einzuverleiben, was allerdings fehlschlug. Ihre Königsliste reicht wenigstens bis 169 v. Chr. zurück, als Aretas I. die Herrschaft antrat. Wir haben dies wohl als einen Ausdruck der Staatswerdung zu sehen, welcher die traditionelle Stammesorganisation zu überlagern begann. Die politischen Strukturen wurden danach auch in den nabatäischen Inschriften mit griechischen Namen belegt.

Die arabischen Nabatäer kontrollierten und betrieben den Handel aus Südarabien über die Weihrauchstraße an die Mittelmeerküste und kamen hierdurch zu erheblichem Reichtum. Erst zu Beginn des 1. Jhs. v. Chr. stehen sie im Norden Jordaniens in kriegerischen Auseinandersetzungen mit dem Hasmonäer Alexander Jannäus und dem Seleukidenkönig Antiochos XII. Schließlich wurden sie sogar von der Damaszener Bevölkerung gegen die aus den Libanonbergen andrängenden Ituräer um Hilfe gebeten, so daß die Nordgrenze des Nabatäerreiches in den Jahren zwischen 84 und 72 v. Chr. Damaskus mit einbezogen haben muß. Der Süden Syriens – d. h. insbesondere die Batanea, der Hauran und die sogenannte Trachonitis – hatte danach ein sehr wechselhaftes Schicksal, worauf später noch zu kommen sein wird. Mit der Gründung der Provinz *Arabia* unter Kaiser Trajan im Jahre 106 n. Chr., deren Hauptstadt Bosra wurde, hörte das Nabatäerreich praktisch auf zu existieren; seine Kultur ging im weiteren Verlauf der Geschichte unter, sein letztes berühmtes Zeugnis stammt sogar aus Syrien selbst: die in Griechisch und Nabatäisch abgefaßte und sich heute im Louvre befindliche Grabinschrift des Imrualqais aus Nemara in der Safa aus dem Jahre 328 n. Chr., in welcher er sich rühmt, König aller Araber zu sein.

Pompeius und der wachsende römische Einfluß

Der römische Feldherr Pompeius, auch der Große genannt, war der Mann, der der sich im Auflösen begriffenen späthellenistischen Staatenwelt vor allem im syrischen Bereich eine neue Ordnung gab: Im Jahre 64 v. Chr. löste er das Seleukidenreich auf und gründete die römische Provinz Syria. Dabei war vor allem wichtig, daß er mit den parthischen Herrschern ein gutes Verhältnis pflegte und sich somit den Rücken für seine militärischen Unternehmungen in Kleinasien und Syrien frei hielt. Das zu dieser Zeit sehr machtvolle Armenien unter Tigranes III. wurde besiegt und mußte neben verschiedenen kleinasiatischen Neuerwerbungen auch alle seine syrischen Zugewinne an Rom abtreten, woraufhin Tigranes zum Freund und Bundesgenossen Roms erklärt wurde. Nur ein Jahr später wurde auch Judäa erobert und der Provinz Syrien hinzugeschlagen. Durch die kluge Schaffung von befreundeten und verbündeten Klientelstaaten vermochte er für Rom relativ stabile Verhältnisse zu schaffen. Angesichts der noch kommenden innerrömischen Bürgerkriege, die alle militärische Macht innenpolitisch banden, sollte dieser Punkt in den nächsten sehr bewegten Jahrzehnten noch zum Tragen kommen.

Doch bis der erste römische Kaiser Augustus den allgemeinen Weltfrieden verkünden konnte, war das syrisch-phönikische Küstenland Durchzugsgebiet der Legionen Marc Antons, Caesars und Augustus' selbst. Weiter im Norden bei Carrhae, dem heutigen Harran, handelte sich Lucullus im Jahre 53 v. Chr. eine der schwersten Niederlagen des römischen Heeres ein, seine Legionen wurden von den Parthern vollständig aufgerieben, und obendrein wechselten in ehrenrührigster Weise die Legionsadler den Besitzer, was noch Augustus zu großen Anstrengungen bis zu ihrer Rückgabe nötigte. Im Jahre 40 v. Chr. gelang den Parthern ein weiterer schwerer Einfall nach Syrien, den die Römer erst drei Jahre später zurückschlagen konnten. 27 v. Chr. schließlich unterstellte Augustus Syrien seiner eigenen Fürsorge und unterstrich damit dessen Bedeutung, augenfällig in der Stationierung von drei Legionen.

Herodes d. Gr.

Viel mehr ist von römischer Präsenz zu dieser Zeit aber nicht bekannt; Hauptstadt blieb Antiochia, die Truppen lagen in Nordsyrien; an der Küste wurde in Berytus, dem heutigen Beirut, eine Ansiedlung römischer Veteranen gegründet. Damaskus beherbergte dagegen keine römischen Soldaten.

Ansonsten setzte Rom seine bewährten Klientelfürsten ein: So bekam Herodes d. Gr., Nachfolger des letzten hasmonäischen Herrschers über Judäa, im Jahre 23 v. Chr. den Hauran und die Trachonitis zugesprochen, nachdem ein anderer lokaler Herrscher namens Zenodoros, der dort noch von der letzten »Pharaonin«, der berühmten Ptolemäerkönigin Kleopatra VII., eingesetzt worden war, der Damaszener Bevölkerung Anlaß zur Beschwerde bei den Römern gegeben hatte, weil er seine eigene Bevölkerung in der Trachonitis zu Raubzügen in das reiche Damaskus anstiftete: Dort lagernde Waren aus *Arabia Felix,* dem Jemen, waren Ursache solcher Begehrlichkeiten. Es verdient übrigens eine Randnote, von wem wir so genau über die höchst komplizierten Verhältnisse informiert sind: Aufgeschrieben hat alles der jüdische Historiker Flavius Josephus, übernommen hat er vieles von Nikolaus von Damaskus, der zur Zeit des Augustus eine Universalgeschichte geschrieben hatte, die uns aber nur noch in verschwindend geringen Fragmenten erhalten ist.

Von archäologischer Seite kennen wir eine Statuenstiftung für Herodes aus dem Heiligtum des Baalschamin in Si bei Qanawat im Drusengebirge. Dort war seinerzeit ein bedeutendes Heiligtum entstanden, welches von den umliegenden Stammesverbänden ausgebaut worden war. Das Tempelensemble von Si ist nur eines von mehreren, die damals hier entstanden; die zu ihrem Bau erforderlichen Mittel scheinen aus dem Karawanenhandel gekommen zu sein. Ein solches Beispiel ist auch der Tempel von Muschennef am Ostrand des Drusengebirges.

Die Anfänge des Christentums

Das Jahr 4 »vor Christi Geburt« bedarf eigener Erwähnung: Nicht nur war es das Todesjahr von Herodes d. Gr., das Jahr der durch Kaiser Augustus persönlich in Rom geregelten Nachfolgefrage seiner Herrschaft und das Jahr der Niederschlagung einer jüdischen Revolte durch die in Syrien stationierten Legionen von Publius Varus – die meisten Deutschen kennen ihn aus ihrer eigenen Geschichte! –, sondern auch das Geburtsjahr von Jesus Christus selbst.

Abb. VII: Grabmal der Hamrath, errichtet durch ihren Mann Odeinath im 1. Jh. vor oder nach Chr. Eine aramäisch-griechische bilingue Inschrift berichtete hiervon. Der Bau von Suweida im Hauran ist heute zerstört (nach de Vogüè).

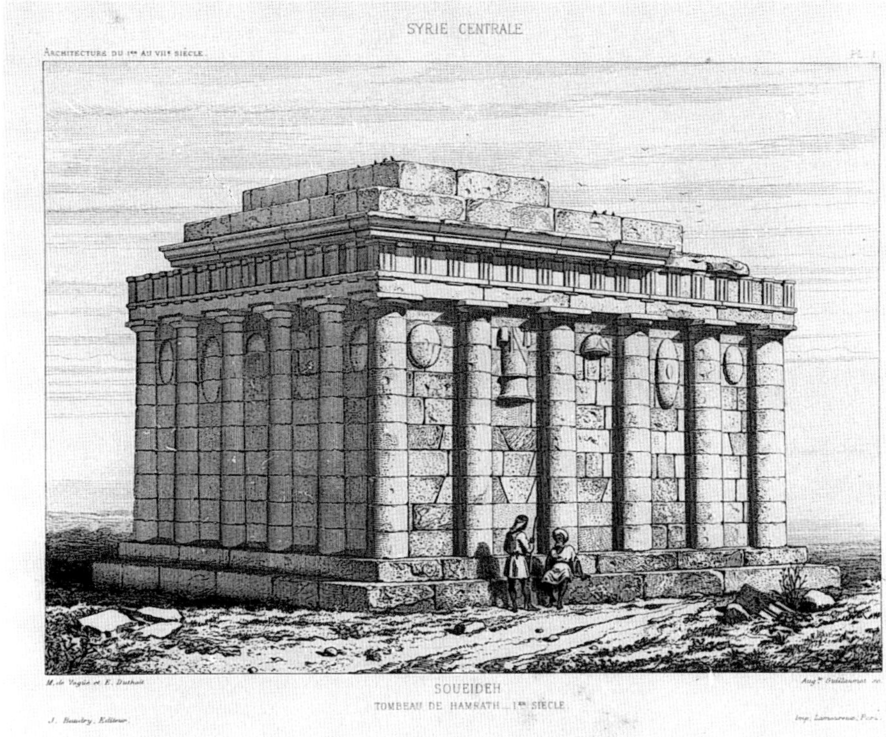

Erste Christen in Damaskus

Das Leben Jesu wie seine Missionstätigkeit müssen sich auf die im Jahre 6 n. Chr. selbständig gewordene Provinz Judäa beschränkt haben, allein das zur Dekapolis gehörige Gebiet von Gadara im Nordostzipfel Jordaniens scheint er selbst betreten zu haben. Dennoch hat sich offensichtlich bereits zu seinen Lebzeiten eine kleine Gemeinde von sogenannten »Anhängern des Weges« in Damaskus gebildet, denn sonst wäre Paulus ja nicht nach dorthin geschickt worden, um in den dortigen Synagogen gegen die Jesusanhänger vorzugehen. Einer dieser Anhänger hieß Ananias, welcher den zwischenzeitlich bekehrten Paulus durch Handauflegen wieder sehend machte. Paulus hatte sich danach durch seine Predigten in den jüdischen Synagogen so unbeliebt gemacht, daß er um sein Leben fürchten und sich einige Zeit versteckt halten mußte. Da sämtliche Stadttore bewacht wurden, ließen ihn seine Anhänger in einem Korb die Stadtmauer herab. Daß die Bewacher der Stadttore im Auftrage von Aretas IV., dem König der Nabatäer, handeln konnten, wirft ein Schlaglicht auf die politisch verworrene Situation jener Zeit im Süden Syriens, wo Rom seine nominelle Oberhoheit nicht selbst praktisch wahrnahm, sondern einen Verbündeten handeln ließ.

Das Damaskus jener Zeit läßt sich heute noch bis zu einem gewissen Grade nacherleben: Die Stadtmauer mit ihren Toren mag zwar manches Mal in Details ihren Verlauf geändert haben, gibt aber im großen und ganzen den antiken Verlauf wieder. Auch hat sich in den Grundzügen das wohl schon hellenistische rechtwinklige Straßensystem der Stadt erhalten, am augenfälligsten in der bereits in der Bibel erwähnten »Geraden Straße«, dem von West nach Ost verlaufenden heutigen Suq Midhat Pascha. Das bereits auf die Zeitenwende zurückgehende Osttor, das Bab Scharqi, steht noch heute; hierdurch betrat der Legende nach Paulus die Stadt. Ganz in seiner Nähe ist dem genannten Ananias eine Kapelle geweiht, im heutigen Christenviertel der Altstadt. Teile des schon älteren Hadad-, jetzt Jupiter-Damascenus-Tempel genannten Heilig-

Abb. VIII: Damaskus. Kupferstich aus dem Jahre 1575 von Hogenbergh.

tums wurden damals gerade neu erbaut oder renoviert: so die innere Umfassungsmauer des Tempels, die heute die Umaiyadenmoschee umschließt, und Teile der äußeren Umfassungsmauer, zu der auch das später neu gebaute Westtor gehört.

Im Gewirr des Damaszener Suqs lassen sich noch zahlreiche Mauern und Säulen des riesigen Tempelbezirks mit seiner ungewöhnlichen doppelten Umfassungsmauer ausmachen. Die Anlage hatte wohl den Sinn, ein religiöses und merkantiles Zentrum zu bilden und steht damit der heutigen Funktion des Ortes sehr nahe – eine typische orientalische Einheit von Religion und Kommerz. Vom antiken Tempel selbst weiß man nur recht wenig; an seiner Stelle wurde später eine dem Heiligen Johannes geweihte Basilika errichtet und diese wiederum durch die Umaiyadenmoschee ersetzt.

An die christliche Zeit erinnert schließlich noch ein Psalm, der in das heute zugemauerte römische Südtor der inneren Umfassungsmauer eingemeißelt wurde. Am Bab Keisan schließlich soll Paulus in einem Korb, der die Mauer herabgelassen wurde, die Flucht aus Damaskus gelungen sein; heute beherbergt der mittelalterliche Bau eine Pauluskapelle.

Weitere frühe christliche Gemeinden

Eine zweite sehr wichtige frühe Gemeinde bildete sich nach der Steinigung des Stephanus in Antiochia, in die erstmals auch Nichtjuden aufgenommen wurden; dort wurden die Anhänger Jesu auch erstmals »Christen« genannt, also mit einem griechischen Ausdruck belegt.

Als legendär wird im allgemeinen ein Briefwechsel zwischen Jesus und Abgar V., dem König der Osrhoëne mit der Hauptstadt Edessa angesehen; immerhin bezeichnete man sich dort aber als das früheste christliche Königreich dieser Welt, da die dortigen Abgariden bereits im 3. Jh., also noch vor Konstantin d. Gr., das Christentum angenommen hätten.

Auch ihre frühesten archäologischen Spuren hinterließen die Christen in Syrien: In Dura Europos konnte zwischen den beiden Weltkriegen bei den amerikanisch-französischen Ausgrabungen eine Hauskirche aus dem frühen 3. Jh. mit erzählenden Darstellungen der Bibel in Wandmalerei ausgegraben werden; die Dekorationen sind heute in Amerika ausgestellt. Noch manch andere Kirchen Syriens führen ihre Tradition auf die vorkonstantinische Zeit zurück, so etwa die Georgskirche in Ezra'a oder die Klosterkirche Mar Sarkis in Ma'alula, wo Ablaufeinrichtungen am Altar gerne als Zeugnisse eines vorkonstantinischen blutigen Opferritus dargestellt werden, welcher erst unter Konstantin verboten wurde.

Palmyra und sein Bel-Tempel

Die Entstehung des Christentums im Orient unter Kaiser Augustus fiel in eine Epoche religiöser Restauration, die sich allenthalben in Tempelneubauten dokumentierte. Unter seinem Nachfolger Tiberius, im Jahre 32 n. Chr., wurde schließlich auch der größte heute noch erhaltene Tempel Syriens geweiht: der Bel-Tempel in Palmyra. Daß dort ein so ehrgeiziges Unternehmen abgeschlossen werden konnte, zeigt, daß in Palmyra zu jener Zeit bereits ein beträchtlicher Wohlstand bestanden haben muß.

Bel ist die babylonische Bezeichnung für den in Syrien allgegenwärtigen obersten Gott Baal; in Palmyra hieß er ursprünglich Bol, was noch als Bestandteil vieler palmyrenischer Eigennamen nachwirkte. Man hat Grund zu der Annahme, daß in den Jahrzehnten um die Zeitenwende der Charakter der im Belheiligtum verehrten Gottheit verändert wurde, und zwar im Sinne einer Priesterschaft, welche astrologisches Gedankengut aus Babylon dem bis dahin geübten lokalen Kult überstülpte. Bol als oberster Herr des Hauses der Götter hatte am Ende sein Heiligtum als Bel mit Aglibol und Yarhibol zu teilen, den Verkörperungen von Sonne und Mond, Tag und Nacht, Gut und Böse.

Auf den ersten Blick erscheint der Beltempel als ein griechischer Bau, bei näherem Hinsehen entdeckt man jedoch eine Reihe von Unterschieden, die zeigen, daß die hellenistische Architektur in einer Reihe von Punkten geändert wurde, um den orientalischen Kultgepflogenheiten gerecht werden zu können. So betritt man den Tempel nicht von vorne, sondern von der Seite her. Der äußere Säulenkranz, durch den man tritt, war durch steinerne Balken abgedeckt, die eine Reihe höchst interessanter Reliefs aufweisen, welche wertvolle Informationen über den hier geübten Kult liefern. Herausgegriffen sei vor allem die Darstellung einer Prozession mit verschleierten Teilnehmern und Kamelen. Das Kamel trägt dabei ein verhülltes Kultmal, vermutlich einen jener anikonischen Steine, in denen man sich die Kraft der Gottheit präsent vorstellte. Ein solcher *Baitylos* wurde, wie wir aus anderen Fällen wissen, in Prozessionen umhergetragen, die wohl im Hof des Tempels endeten. Dort konnte eine große Zahl von Teilnehmern am Gottesdienst, den riesigen Opfern und kultischen Mahlzeiten teilnehmen. Ab hier werden sich aber wohl die Wege des gemeinen Volkes und auserwählter Priester getrennt haben.

Nach Betreten der Cella zeigten sich, von außen unsichtbar, zu beiden Seiten sogenannte *Thalamoi*, erhöht liegende Exedren, in denen, für den Normalbürger entrückt, vielleicht die Kultmale aufgestellt wurden; in einem griechischen oder römischen Tempel waren diese normalerweise von außen sichtbar. In der nördlichen Exedra sind auf dem riesigen monolithen Deckenstein um Jupiter-Bel im Zentrum die Astralgottheiten Sonne, Mars, Mond, Venus, Saturn und Merkur dargestellt. Es gibt Grund zu der Vermutung, daß ausgewählte Personen in den Exedren wiederum an kultischen Mahlzeiten teilnahmen, bei denen die Opfer für die Götter vertilgt wurden. Diese Einrichtung war in Palmyra – aber auch sonst – weit verbreitet. Den Eintritt zu solchen kultischen Mahlgemeinschaften erhielt man durch *Tesserae,* kleine Münzen, die in Palmyra noch vielfach gefunden wurden.

Eine weitere Auffälligkeit sind die diversen Treppen, welche auf das Dach des Tempels führten: Sie kommen in Syrien oft vor und dienten dem Priesterpersonal meist dazu, auf dem Dach in größerer Nähe zur Gottheit ihr die Opfer darzubringen oder zu ihr zu sprechen. Aus ähnlichen Gründen sind Heiligtümer auf Bergspitzen so verbreitet, wie jene in Burqusch oder auf dem Djabal Scheich Barakat.

Woher aber kam der Reichtum Palmyras? Bereits für das 1. Jh. v. Chr. wird berichtet, daß die Palmyrener Waren aus Indien und China in Persien kauften und an die Römer weiterverhandelten. Dies muß bereits damals zu so bedeutendem Wohlstand geführt haben, daß Marc Anton Palmyra seinen Truppen zur Plünderung frei gab, während er selbst sein Winterlager bei Kleopatra bezog. Palmyra lag also am westlichen Ende der Seidenstraße, was auch manche chinesische Seidenstoffunde in palmyrenischen Gräbern bestätigen können. Zur Abwicklung dieses Handels unterhielten die palmyrenischen Händler Niederlassungen am Persischen Golf – Kaiser Trajan sah hier auf seinem Mesopotamienfeldzug voller Fernweh einem nach Indien abfahrenden palmyrenischen Handelsschiff nach –, am Euphrat und an der Mittelmeerküste. Eigene militärische Einheiten beschützten die Handelskarawanen auf ihrem Wege durch die syrische Wüste von Hit am Euphrat nach Palmyra vor nomadischen Raubüberfällen. Die palmyrenischen Führer kannten ganz genau die Brunnen, die man anzusteuern hatte, um die Oasenstadt gesund zu erreichen.

Mit diesem Fernhandel von Luxusgütern hat das berühmte »Steuergesetz« von Palmyra nichts zu tun: Es handelt sich dabei um eine riesige in Griechisch und Palmyrenisch abgefaßte Inschrift aus dem Jahre 137 n. Chr. Sie wurde in der Agora gefunden und regelte den Einfuhrzoll von Waren täglichen Bedarfs, Bronzestatuen und Hetären.

Neue Orientpolitik unter den Flaviern und den Adoptivkaisern

Von Vespasian und dem nachmaligen Kaiser Titus wurde zwischen 66 und 74 n. Chr. mit Hilfe einheimischer Klientelfürsten und der in Syrien stationierten Legionen ein schwerer jüdischer Aufstand niedergeschlagen.

Obwohl von dieser national gesinnten Revolte kein Signal für weitere Unruhen im Orient ausging, so bedeutete diese Zeit doch eine Wende in Roms Ostpolitik: Noch unter Vespasian hörte das Fürstentum von Emesa auf zu existieren, unter Domitian kamen weitere an die Reihe. Die Euphratgrenze wurde durch den Bau kleiner Lager verstärkt gesichert, wie auch die Ostgrenze in der Syrischen Steppe zwischen Euphrat, Palmyra und Damaskus – also die spätere *Strata Diocletiana* – zumindest durch das Aufstellen von Meilensteinen deutlicher als bisher markiert wurde. Rom nahm also die Dinge jetzt selbst in die Hand und überließ sie nicht mehr seinen Verbündeten.

Unter Kaiser Trajan erreichte des Römische Reich seine größte Ausdehnung, woran die Ereignisse in Syrien ihren gewichtigen Anteil besaßen. Die

Eroberung Mesopotamiens zwischen Euphrat und Tigris im Jahre 114 in Gegenwart von Trajan höchstselbst blieb dabei noch ephemere Episode, gab doch sein Nachfolger Hadrian auf seinem Rückzug aus Mesopotamien die schwer zu haltende Provinz wieder auf. Immerhin erinnern an dieses Ereignis noch römische Meilensteine in der Djazira und ein Ehrenbogen für Kaiser Trajan bei Dura Europos.

Das Unternehmen war jedoch insofern zukunftsweisend, als es den künftigen Konfliktherd zwischen Rom bzw. Byzanz auf der einen und Parthern und Sassaniden auf der anderen Seite deutlich machte: Lucius Verus, der Mitregent von Marc Aurel, unternahm im Jahre 163 einen erneuten Feldzug in das Zweistromland, dessen konkrete Folgen für uns jedoch im Dunkeln liegen. Septimius Severus gelang schließlich im Jahre 195 die nachhaltige römische Festsetzung jenseits des Euphrats.

Erst die Nachfolger der Parther, die Sassaniden, drehten den Spieß mit energischen Gegenoffensiven wieder um: Gordian III. fiel im Jahre 244 in der Schlacht gegen Schapur I., Valerian geriet gar in schmähliche Gefangenschaft, und Rom mußte sich schließlich wieder hinter den Euphrat zurückziehen. Erst unter Diokletian faßte es zwischen Euphrat und Tigris wieder Fuß, diesmal mit einer stark befestigten Grenzlinie am Chabur.

Bosra und die Provincia Arabia

Weniger konfliktträchtig scheint die uns sehr lapidar mitgeteilte Einrichtung der Provinz *Arabia* unter Kaiser Trajan im Jahre 106 n. Chr. gewesen zu sein: Sie trat kurzerhand an die Stelle des Nabatäerreiches und deckte mit ihrem nördlichsten Streifen auch Südsyrien ab. Einer ihrer Hauptorte wurde Bosra, hervorgehoben durch die Stationierung der 3. Kyrenaikischen Legion.

Besonderes Augenmerk legte der Kaiser auf die verkehrstechnische Erschließung der neuen Provinz: Mit der *Via Traiana* von Damaskus über Bosra bis nach Aqaba am Roten Meer stellten sich die neuen Machthaber dar. Ehrgeizig wurde die neue Straße mitten durch die Ledja gelegt, eine bis dahin völlig unzugängliche Lavawüste zwischen Suweida und Damaskus, die bisher allein als Unterschlupf von Räubern hervorgetreten war. Noch heute ist die Straße sichtbar, doch dient sie nur noch einigen Beduinen mit ihren Schafherden als Weg, an dem auch noch der eine oder andere römische Meilenstein angibt, wie weit es noch bis Damaskus oder Bosra ist.

Welche Auswirkungen die Provinzgründung auf das Stadtbild von Bosra hatte – sieht man von der Einrichtung des Legionslagers ab – ist schwer zu umreißen. Die vielen noch erhaltenen und in der heutigen Stadt wiederbenutzten Ruinen stammen zumeist erst aus dem fortgeschrittenen 2. Jh. n. Chr. und aus noch späterer Zeit; nur weniges hat sich aus der vorrömischen Epoche erhalten, wie das »Nabatäertor« an der Nahtstelle zwischen einem in regelmäßigen *insulae* angelegten Stadtteil nach offensichtlich römischer Planung und einem unregelmäßig gewachsenen Teil vermutlich älterer Zeit. Zwar sind in letzterem vor allem die christlichen Bauten der frühbyzantinischen Epoche vertreten, doch nimmt man wohl zu Recht an, daß diese die traditionellen paganen Heiligtümer ersetzt haben, die man voraussetzen muß, welche man aber bislang noch nicht ausgraben konnte. Der regelmäßig angelegte westliche Stadtteil weist dagegen allein zahlreiche Einrichtungen profanen Bedarfs auf: so das besterhaltene Theater der Antike überhaupt, Thermenanlagen, Ehrenbögen, Plätze, Brunnenanlagen und eine Kalybé, die wohl mit dem Kaiserkult zu tun hatte. Sie alle und auch die Portiken der Straßen stammen jedoch erst aus der Zeit der Severischen Kaiser. Vielleicht geht aber wenigstens die Stadtplanung noch auf die Gründungszeit der Provinz zurück.

Bosra war ein Verkehrsknotenpunkt in einem äußerst fruchtbaren Landstrich, dessen rote Erde zwar oft von vulkanischen Basaltbrocken übersät ist, die jedoch nach deren Beseitigung höchst ertragreich ist und eine auch für das gesamte Römische Imperium wichtige Getreideversorgung hervorbrachte. Die in Winter und Frühjahr mitunter ergiebigen Regenfälle wurden in großen offenen Zisternen gesammelt, von denen einige in Bosra noch sichtbar und teils auch in Benutzung sind. Eine wichtige Karawanenroute aus Arabien und Weiterverbindungen nach Norden, Westen und Süden machten den Ort zu einem wirtschaftlich blühenden Anwesen, an dem das Militär als Verbraucher ebenfalls seinen Anteil hatte.

Noch eine Geschichte aus viel späterer Zeit spiegelt diese Rolle als Karawanenumschlagsplatz wider: demnach habe sich der Prophet Mohammed noch als Führer seiner Karawane vom Mönch Bahira in die Prinzipien der christlichen Religion einführen lassen: Die sogenannte Basilika sei Ort dieses Ereignisses gewesen. Zu jener Zeit ist Bosra bereits seit langem bedeutender Bischofssitz gewesen, der auch und vor allem die Christianisierung des nomadischen Umlandes zum Ziel hatte. Die Kathedrale von Bosra, ein heute arg mitgenommener Zentralbau, die besser erhaltene Bischofsresidenz und die schon erwähnte Bahira-Basilika zeugen neben anderen Bauten von dieser reichen christlichen Vergangenheit.

Der Hauran im 2. und 3. Jh. n. Chr.

Wie Bosra, so nahm auch der weitere Hauran im Laufe des 2. und 3. Jhs. n. Chr. einen deutlichen Aufschwung, der sich in zahlreichen noch heute sichtbaren Bauaktivitäten zeigt. So sind noch verschiedene einzeln stehende Landhäuser erhalten, wie das wenig nördlich von Bosra in Djemarin neben einer zerstörten römischen Brücke gelegene, oder das Beispiel aus Inchil, welches Teil eines ganzen Dorfes war, dessen zahlreiche Überreste sich in mehr oder weniger guter Erhaltung, in das heutige Dorfleben integriert, bewahrt haben. Im Umfeld dieser von bedeutendem Wohlstand zeugenden Häuser traten auch immer wieder durch ausgesprochen reiche Beigaben auffallende Gräber zutage, deren Funde den wichtigsten Anteil der im Damaszener Nationalmuseum ausgestellten Preziosen ausmachen.

Von anderer Seite bezeugt eine Reihe von Tempelbauten jenen Reichtum, wie das Tyche-Heiligtum in as-Sanamein aus dem Jahre 191 n. Chr. oder die beiden reich ornamentierten Süd- und Nordtempel in Atil aus der Mitte des 2. Jhs. n. Chr., um nur besonders gut erhaltene Beispiele aufzuzählen.

Besondere Erwähnung verdient in diesem Zusammenhang das idyllisch am Westabhang des Drusengebirges gelegene Qanawat, dessen begüterte Bewohner durch zahlreiche Stiftungen glänzten: So rühmte sich ein gewisser Marcus Ulpius Lysias in großen Lettern, der Gemeinde 1000 Denare für das heute noch leidlich erhaltene Theater gestiftet zu haben. Gleich daneben zeugt das mittlerweile wild überwucherte Nymphäum von ähnlicher Spendabilität. Zusätzlich besaß die Stadt mindestens drei prächtige Heiligtümer, wie den in herrlicher Lage über der Ebene des Hauran gelegenen Peripteraltempel oder eine ehemals wohl reiche Kultanlage, die später in ein Ensemble christlicher Bauten umgewandelt wurde und heute volkstümlich Serail genannt wird: Ein gewisser Prophet namens Tiberius Claudius Balsamios erhielt dort in einem kleinen Annex sein Grab in Form eines schweren Sarkophages.

Apamea

Haben sich im Hauran dank der besonderen Umstände viele antike Bauten erhalten, so sind die großen Städte Nordsyriens durch kontinuierliche Weiterbesiedlung ihrer antiken Denkmäler in weit höherem Maße beraubt worden. In Apamea wurde die Nord-Süd-Straße im 2. Jh. n. Chr. zur prächtigsten noch sichtbaren Säulenstraße Syriens ausgebaut und vermittelt eine leise Idee davon, was uns alles verlorengegangen ist.

Palmyra unter Kaiser Hadrian

Der Besuch Hadrians in Syrien, wo er sich verschiedentlich im Rahmen seiner mehrjährigen Reisen durch sein Imperium aufhielt, war für viele Städte ein herausragendes Ereignis. Nach Aufgabe von Armenien, Assyrien und Mesopotamien wandte sich der Kaiser mehr zivileren Dingen zu: Sein Besuch in Palmyra im Jahre 123 wird allgemein als Initialzündung angesehen, nach der sich die Wüstenoase durch neue Bauten ein deutlicheres römisches Aussehen gab. So wurden die bis dahin üblichen Turmgräber mesopotamischer Tradition durch Tempelgräber ersetzt, die äußerlich die römischen Kultbauten nachahmten. Von ihrer Funktion her änderte sich jedoch nichts: Nach wie vor nahmen die Bauten in verschiedenen Etagen die zahlreichen Schächte auf, in welche die Toten hineingeschoben wurden und die danach mit Steinplatten verschlossen wurden, die das Porträt des Bestatteten mit einer kurzen Inschrift zeigen. Unzählige dieser Reliefs verteilen sich heutzutage über die Museen der Welt.

Doch auch im profanen Bereich änderte Palmyra oder Tadmor Hadriana, wie sich die Oase jetzt nannte, ihr Aussehen: Der kleine, noch bestens erhaltene Baalschamin-Tempel wurde neu gebaut, ebenso Gebäude der öffentlichen Administration.

Die Severischen Kaiser im Orient

Septimius Severus und seine Söhne

Einen weiteren Aufschwung erlebte der gesamte Vordere Orient durch die Machtergreifung der Severischen Kaiserdynastie unter ihrem Gründer Septimius Severus. Nach der Ermordung des Commodus war dieser aus den Kriegen des Vierkaiserjahres 193 als Sieger hervorgegangen. Der entscheidende Kampf gegen seinen Widersacher Pescennius Niger – dieser war in Antiochia zum Kaiser ausgerufen worden – fand auf dem schon erprobten Schlachtfeld von Issos statt. Niger wurde geköpft, das zu ihm stehende Antiochia degradiert und seine parthischen Bundesgenossen in einem kleinen Feldzug in die Osrhoëne besiegt.

Selbst aus Leptis Magna in der nordafrikanischen Kyrenaika stammend, war sich Septimius Severus seiner phönikischen Vorfahren sehr wohl bewußt und soll besser punisch als lateinisch gesprochen haben; er ließ sogar das Grabmal Hannibals, des punischen Todfeindes der Römischen Republik, bedeutend renovieren. Vielleicht war von daher seine Eheschließung mit Iulia Domna kein reiner Zufall, einer Angehörigen des Priesterhauses des Elagabal von Emesa, nahe Phönikien gelegen. Antike Historiker vermitteln den Eindruck, daß Iulia Domna eine ausgesprochen einflußreiche Persönlichkeit war, um nicht zu sagen, daß ihr Beiname Programm war. Sie – wie auch ihre weiblichen Verwandten – verstand es in der Nachfolgezeit immer wieder, ihre Söhne auf den Kaiserthron zu bringen, so daß man tatsächlich berechtigt ist, von einer »syrischen« Dynastie zu sprechen.

Nachdem Septimius endgültig auch in Europa seine Macht hatte absichern können, widmete er sich wieder dem Orient: Für einen großen Krieg gegen die Parther stellte er eigens drei neue Legionen auf und zog im Jahre 197 n. Chr. von Antiochia aus nach Mesopotamien, wo Ktesiphon noch im gleichen Jahr fiel; allein Hatra wurde erfolglos belagert. Die Provinz Mesopotamien mit der Hauptstadt Nisibis wurde gegründet.

Nach dem Tod von Septimius Severus in Britannien im Jahre 211 traten seine beiden Söhne Caracalla und Geta die Nachfolge an. Ersterer ermordete seinen jüngeren Bruder baldigst, angeblich in den Armen seiner Mutter, auch seiner ersten Frau erging es nicht besser. Caracallas Vorbild Alexander d. Gr. lenkte seine Begehrlichkeit bald auf die östlichen Nachbarn Syriens: Abgar IX. von Edessa und Artabanos von Armenien lud er zum Staatsbesuch nach Rom ein, gerade um sie dort gefangenzusetzen. Beim Partherkönig Vologaeses III. hielt er um die Hand seiner Tochter an, was deren Vater aber dankend ablehnte. So blieb ihm statt der friedlichen Vereinigung der beiden Weltreiche allein der Krieg. Nach dem Winterlager in Edessa wurde er jedoch am 8. April 217 bei Carrhae auf Betreiben seines Gardepräfekten Macrinus ermordet. Macrinus selbst wurde zum Kaiser ausgerufen, machte sich durch seine politischen Maßnahmen aber schnell allenthalben unbeliebt.

Elagabal und Alexander Severus

Das ungeschickte Verhalten des Macrinus machte sich Iulia Maesa zunutze, eine Verwandte Iulia Domnas aus dem emesenischen Priesterhaus. Sie hatte als dessen Großmutter den jungen Varius Avitus in Rom erzogen, besser bekannt unter dem Namen Elagabal, welchen er im Jahre 217 als Priester von der Stadtgottheit Emesas übernahm. Iulia Maesa brachte die in Homs stationierte 3. Gallische Legion dazu, Elagabal, der damals gerade 14 Jahre alt war, im Jahre 218 zum Kaiser auszurufen. Knapp zwei Monate später standen sich die Heere Macrinus' und Elagabals bei Antiochia gegenüber: Macrinus verlor und wurde kurze Zeit später hingerichtet.

Der noch unmündige Kaiser Elagabal war allein an seiner Religion interessiert, Politik machten Iulia Maesa und seine Mutter Iulia Soemias. Diesem Umstand verdanken wir eine Fülle von höchst interessanten historischen und numismatischen Informationen über den Kult des emesenischen Gottes Elagabal. Sein Heiligtum befand sich auf dem Burgberg in Homs; es bestand aus einem Hof und einem Tempel, Kultmittelpunkt war ein schwarzer Meteorit, einer jener im Orient so verbreiteten *Baityloi*. Elagabal ließ ihn nach Rom transportieren und seinen Gott zum höchsten Staatsgott erheben. In seinen neu errichteten Tempel wurden die heiligen und altehrwürdigen Unterpfänder der römischen Staatsmacht verbracht, eine – um es zurückhaltend auszudrücken – nicht sehr feinfühlige Aktion gegenüber dem stadtrömischen Bewußtsein! Zudem erweckten die fremdartigen und mit lauter Musik begleiteten orientalischen Kulte in Rom Abscheu, Gerüchte begannen die Runde zu machen, man sprach von Inzest und Prostitution beim Kult und anderem mehr. Mehrfach im Jahr wurde der heilige Meteorit in großer Prozession von seinem städtischen Tempel in einen zweiten vor den Toren Roms verbracht: Sein Wagen wurde von Schimmeln gezogen, die niemand lenken durfte außer dem Gott selbst. Allein Elagabal ging vor dem Kultwagen einher, niemals seinen Blick von ihm abwendend, also stets rückwärts. Man benötigt nicht viel Phantasie, um sich seine wachsende Unbeliebtheit vorstellen zu können, die im Jahre 222 zu seiner und seiner Mutter Ermordung durch Soldaten führte.

Sein Nachfolger stand jedoch bereits fest: Es war der von ihm adoptierte und bereits zum Caesar erhobene Alexander Severus. Auch er war von Iulia Maesa, aber auch von seiner Mutter Iulia Mammaea erzogen worden. Seine Mutter und anfangs noch Iulia Maesa führten für den damals Siebzehnjährigen die Regierung; daneben hatte er fähige Berater, so daß seine Regierungszeit in günstigem Licht erscheint. Er hatte sich jedoch bald mit einem neuen, außergewöhnlich mächtigen und dynamischen Gegner im Osten auseinanderzusetzen: den Sassaniden, die ursprünglich Priester eines persischen Feuerheiligtums waren. Ihr erster König Ardaschir I. besiegte 224 n. Chr. den letzten parthischen König Artabanos V. Die Sassaniden leiteten eine ausgesprochen nationale Politik ein und erhoben nichts weniger als den Anspruch, das alte achämenidische Weltreich wiedererstehen zu lassen; dies hätte nichts weniger als die Eroberung des ganzen Orients und Kleinasiens bedeutet!

Ardaschir führte sich entsprechend mit einem schweren Einfall in die Provinz Mesopotamien ein. Die Kämpfe mit dem von Alexander Severus geführten Heer verliefen scheinbar wechselhaft, an ihrem Ende im Jahre 233 scheint jedenfalls kein Gebietsgewinn der Sassaniden zu stehen. Ein kurzfristig nicht so explosiver, dafür aber lange andauernder Konflikt wurde woanders deutlich: Im Lager Danaba nordöstlich von Damaskus wurde Alexander zur »Wiederherstellung der öffentlichen Sicherheit gegen Übergriffe arabischer Nomaden« aktiv: Hier galt es, sich nicht mit einem staatlich organisierten militärischen Gegner auseinanderzusetzen, sondern mit einem beständigen und wachsenden Wanderungsdruck aus der arabischen Steppe und Wüste fertig zu werden.

Verschiedentlich wurde schon erwähnt, daß die severische Zeit eine Epoche wahren Baubooms gewesen sein muß; auch das Jupiter-Damascenus-Heiligtum erfuhr einen Ausbau oder wenigstens eine Renovierung. Komplett neu errichtet wurde ein kleiner, aber sehr gut erhaltener Tempel mitten in der syrischen Steppe, in Isriye. Man wird davon ausgehen, daß das römische Militär ihn initiierte, an einer Stelle, wo es auch ein Lager gab, und die durch ihre Brunnen und die vielen zusammenführenden Pisten ausgezeichnet ist. Es ist ein Ort am äußersten Rande des fruchtbaren Ackerlandes – eigentlich schon jenseits von ihm. Ganz zweifellos mußte man hier präsent sein, um das offenbar deutlicher gewordene Nomadenproblem kontrollieren zu können.

Die Zeit der »Soldatenkaiser«

Alexander Severus rief aber ein anderer Krieg nach Germanien, wo er im Jahre 235 von meuternden Soldaten in Mainz erschlagen wurde. Hiermit endete die letzte römische Kaiserdynastie der Prinzipatszeit, es folgte die Zeit der unzähligen Soldatenkaiser, die allesamt mit Gewalt an die Macht gelangt waren und von denen keiner eines natürlichen Todes starb. Syrien ist einer der Brennpunkte dieser Epoche gewesen.

Einer von denen, die uns an dieser Stelle interessieren, war Gordian III. (238–244 n. Chr.). Er hatte sich mit einer schweren Offensive des Sassaniden Schapur I. auseinanderzusetzen, der tief nach Syrien eingefallen war. Wie meist, so konnte auch diesmal der Gegner schnell aus Syrien zurückgedrängt werden. Bei den Kämpfen in Mesopotamien fiel jedoch zuerst Timesitheus, der befähigte Berater Gordians, und schließlich Gordian selbst am Euphrat in der

Nähe des späteren Baghdad. Irgendwo zwischen Dura Europos und Kirkesion am östlichen Euphratufer erhielt er einen Tumulus als Begräbnisstätte.

Die Soldaten riefen sofort Philippus Arabs als Nachfolger aus, nach manchen antiken Geschichtsdarstellungen soll dieser sogar durch Intrige das Ende Gordians herbeigeführt haben. Wie der Name bereits sagt, war Philippus der erste römische Kaiser arabischen Blutes. Er stammte – angeblich als Sohn eines Beduinenscheichs – aus der Trachonitis, jenem Gebiet um das heutige Schahba, wo er nach dem Vorbild eines römischen Militärlagers die Stadt Philippopolis gründete. Noch heute ist im Grundriß von Schahba der Stadtplan mit rechtwinkliger Stadtmauer, Straßennetz und den wichtigsten Bauten darin erhalten. Am politischen Zentrum der Stadt, einem Platz, der dem Kaiserkult gewidmet war, steht noch ein unscheinbarer schwarzer Basaltbau, dessen Inschriften zeigen, daß hier die Familie des Philippus ein Gebäude erhalten hatte, in dem ihr vermutlich göttliche Ehrungen erwiesen wurden.

Im Krieg gegen Schapur I. konnte Philippus einen Friedensschluß erkaufen, Gebietsverluste hatte er nicht hinzunehmen. Es war ihm zusätzlich vergönnt, als Kaiser die prestigeträchtige 1000-Jahrfeier der Stadt Rom abzuhalten, bis auch er im Jahre 249 den Soldatentod fand.

Nach kurzer Ruhezeit hatte Schapur den armenischen König Tiridates von seinem Thron vertrieben. Dieser fand Zuflucht in Rom, was dem Sassaniden den offiziellen, aber etwas krampfhaft gesuchten Vorwand lieferte, als Vergeltung für diesen unfreundlichen Akt wieder in das römische Reichsgebiet einzufallen. Im Jahre 253 muß das römische Heer bei Barbalissos am Euphratknie eine schwere Niederlage bezogen haben. 37 Städte will Schapur nach eigener Darstellung erobert haben, darunter auch Dura Europos und sogar Antiochia! Dura Europos scheint bei einem weiteren Einfall im Jahre 256 endgültig zerstört worden zu sein und wurde danach nicht mehr besiedelt.

Die römische Gegenoffensive leitete mit Valerian der amtierende Kaiser wiederum höchstpersönlich. Zuerst sollte das belagerte Edessa entsetzt werden, ein Vorhaben, das in einem völligen Desaster für Rom endete: Nicht nur verlor man die Schlacht, sogar der Kaiser höchstselbst geriet im Jahre 260 in schmähliche persische Gefangenschaft. Tiefer war das römische Reich bis dato nicht gesunken. Syrien und Kilikien wurden in der Folge durch die Sassaniden schwer heimgesucht, gewaltige Beute und Gefangene aus dem schutzlosen Land fortgeführt.

Palmyra interveniert zugunsten Roms

In dieser Situation gab es nur noch einen, der der sassanidischen Macht die Stirn bieten konnte: der Palmyrener Septimius Odeinath, Ehemann der noch viel berühmteren Zenobia. Die Handels- und Karawanenstadt Palmyra lag bereits mit dem sassanidischen Reich in einem lebensbedrohlichen Interessensstreit, da die neuen persischen Herrscher nicht mehr gewillt waren, die palmyrenischen Handelsniederlassungen an Euphrat und Persischem Golf autonom handeln zu lassen. Hierdurch drohte nichts weniger als die Quelle allen palmyrenischen Reichtums zu versiegen. Nach der Niederlage Valerians versuchte Odeinath sich zunächst mit den sassanidischen Siegern zu arrangieren, wurde aber zurückgewiesen. So blieb ihm nichts anderes übrig als die kriegerische Auseinandersetzung. Die palmyrenischen Bogenschützen erwiesen sich hierbei als äußerst effektive Waffe, in mehreren Feldzügen tief nach Mesopotamien hinein wurde auch das sassanidische Ktesiphon angegriffen.

Bei all dem handelte Odeinath im Einverständnis mit Rom bzw. dessen Kaiser Gallienus und loyal zu ihm. Er besiegte in einem weiteren Unternehmen auch einen sich zu allem Überfluß in Homs erhebenden Thronprätendenten Quietus, einen Angehörigen der römischen Armee. An diesem Unternehmen war auch Hairan, griechisch Herodian, der Sohn Odeinaths, maßgeblich beteiligt: Er erhielt hierfür eine Ehrenstatue auf dem Kolonnadenbogen in Palmyra, wo er wie sein Vater mit dem persischen Titel »König der Könige« erscheint. Als *dux Romanorum* und *corrector totius orientis* war Odeinath absolut höchster römischer Heerführer im Osten. 266/67 n. Chr. wurde er zusammen mit seinem älteren Sohn Hairan auf einem Feldzug gegen die Goten in Kleinasien ermordet, vermutlich aus rein innerfamiliären Gründen.

Königin Zenobia und Vaballath

Der offizielle Nachfolger des mit fast absolutistischer Machtfülle ausgestatteten Odeinath war sein Sohn Vaballath, der jedoch noch zu jung war, um selbst zu regieren. So nahm seine Mutter Zenobia die Zügel in die Hand. Bis sie auch äußerlich sichtbar durch die Annahme des Augusta-Titels von Rom abfiel und ein eigenes Palmyrenisches Reich gründete, vergingen noch einige Jahre, während derer sie das Gebiet von Ägypten bis nach Kleinasien unter militärische Kontrolle brachte. Als sie ab dem Jahre 271 jedoch Münzen prägen ließ, auf denen sie und Vaballath als unabhängige Kaiser in Erscheinung traten, war für die Zentralmacht der *casus belli* gegeben.

In Kaiser Aurelian (270–275) besaß Rom auch wieder einen sehr befähigten Kriegsherrn. In zwei aufeinanderfolgenden Schlachten wurde das palmyrenische Heer bei Antiochia und Emesa geschlagen. Aurelian glaubte, dies dem emesenischen Gott Elagabal zu verdanken. Noch aber waren die Palmyrener nicht geschlagen, auch wenn eine Belagerung Palmyras im Jahre 272 siegreich beendet wurde. Zenobia war nochmals die Flucht aus der Stadt gelungen, und erst am Euphrat konnten römische Reiter sie gefangennehmen.

Über das weitere Schicksal der orientalischen Herrscherin gehen die Nachrichten auseinander. Nach einer Version verweigerte sie auf dem Gefangenentransport nach Rom jede Nahrungsaufnahme und erreichte die Stadt nicht mehr lebend. Nach einer zweiten Variante wurde sie auf dem üblichen Triumphzug schwer mit Gold behängt vorgeführt und starb danach im römischen Staatskerker einen sehr profanen Tod. Eine dritte Überlieferung weiß, daß sie nach dem Triumphzug als Grande Dame in Tivoli einen angenehmen Lebensabend genoß und ihren Töchtern gute Partien verschaffte. Der römischen *clementia* wäre dies schon zuzutrauen.

Die wohl bekannteste Frau der syrischen Geschichte faszinierte die Historiker zu allen Zeiten, entsprechend gibt es über sie eine Reihe von Nachrichten, die ihre Person etwas plastischer vor uns erscheinen lassen als es sonst oft der Fall ist. Sie war gebildet und verdankte dies nicht zuletzt dem mütterlicherseits aus Homs stammenden Philosophen Longinos, der seine Ausbildung in Athen genoßen hatte. Homer soll sie beherrscht und an einer alexandrinischen Geschichte geschrieben haben, wozu sie wohl ihre Bewunderung für Kleopatra VII. veranlaßte, von der sie sich im übrigen auch abstammungsmäßig herleitete. Im Sattel und am Bogen soll sie ihren »Mann« gestanden haben, und selbst Trinkfestigkeit wurde ihr nachgesagt.

Die Spuren, die die Zeit Odeinaths und Zenobias in Palmyra hinterlassen hat, sind allein mit einigem archäologisch-historischen Sachverstand und

Abb. IX: Palmyra. Kupferstich von Joh. B. Fischer von Erlach aus dem Jahre 1771.

Scharfsinn zu erschließen. So wissen wir durch die vielen Ehreninschriften der großen Kolonnadenstraße, daß der Abschnitt zwischen Ehrenbogen und Theater erst zwischen den Jahren 242 und 272 oder etwas früher sein endgültiges Aussehen erhielt. Hier stellten die mächtigen Persönlichkeiten aus dem Umfeld Odeinaths ihre Ehrenstatuen auf; hier, bei den sogenannten Diokletiansthermen, hatte nach einer begründeten Vermutung die Familie Zenobias ihren Palast.

Es hat den Anschein, als ob sich nach der Absetzung der parthischen Dynastie in Persien ein Flüchtlingsstrom hochgestellter Personen von dort in Palmyra niederließ. Zu diesen mutmaßlichen Zuwanderern, die mehrfach Ehrungen erhielten, gehörte wohl auch ein gewisser Septimius Orodes. Ein jüngst von deutscher Seite ausgegrabenes beeindruckendes Tempelgrab im Tal der Gräber könnte der Bestattungsplatz seiner Familie gewesen sein. Ein anderes Tempelgrab am nordwestlichen, also dem Bel-Tempel entgegengesetzten Ende der großen Kolonnade, liegt so exponiert, daß man es eigentlich nur der mächtigsten palmyrenischen Familie jener Zeit zuweisen möchte, auch wenn keine Inschrift dies stützen kann: es hätte dann Odeinath und seinen Angehörigen gehört.

Das endgültige Schicksal Palmyras erfüllte sich kurze Zeit später: nach Abzug der römischen Truppen war wieder ein Aufstand ausgebrochen, der nun durch Rom mit brutaleren Mitteln unterdrückt wurde. Palmyra durfte geplündert werden und verlor ein für alle Mal seine Stellung früherer Zeiten; lediglich unter Diokletian (284–305) bekam es ein Militärlager, das Teil der *Strata Diocletiana* war.

Bautätigkeit unter den »Soldatenkaisern«

Trotz aller Unsicherheiten während der Regentschaft der Kaiser Valerian (253–260) und Gallienus (260–268) gab es im Syrien jener Zeit noch offizielle Bautätigkeit. So erhielt damals das Heiligtum des Zeus Baitokaiké in den Alawitenbergen bei Hosn Soleiman einen wesentlichen Teil seiner aus riesigen Quadern gebauten Umfassungsmauer. Vielleicht ist es aber auch kein Zufall, daß sich gerade in solch unsicheren Zeiten ein reiches Heiligtum festungsartig abschloß. Auch Dera'a, an der heutigen syrisch-jordanischen Grenze, wurde damals stark befestigt. Selbst in dem von den Wirren besonders betroffenen Emesa soll Gallienus am Heiligtum der Stadt gebaut haben.

Diokletian und die Strata Diocletiana

Am Ende der römischen Kaiserzeit stand mit Diokletian noch einmal ein großer Reformer und Organisator. Im Jahre 288 gelang ihm ein Abkommen mit dem persischen König über die gegenseitige Anerkennung der Euphratgrenze, die aber nur knapp zwei Jahre hielt. Der Sassanide unterstützte nämlich einen Einfall der Sarazenen – wie die arabischen Nomadenstämme nun genannt wurden – nach Syrien, ein Gefahrenherd, der bereits seit geraumer Zeit manifest geworden war. Um die Dinge in seinem Sinne zu bestimmen, setzte Diokletian in Armenien zusätzlich den romfreundlichen Tiridates III. ein. Dieser wurde jedoch wenig später vom Sassaniden Narses vertrieben, womit ein erneuter Waffengang unausweichlich wurde. Diokletians Feldzug tief in das damals persische Mesopotamien führte zur Wiedergewinnung des Tigris als römischer Ostgrenze. In Syrien legte er zur militärischen Sicherung die sogenannte *Strata Diocletiana* an, eine Kette von Grenzkastellen, die mittels einer mit Meilensteinen gekennzeichneten Piste miteinander verbunden waren. Sie führte durch das Basaltgebiet Südsyriens zur heutigen Straße Damaskus – Palmyra und von dort weiter über Suchne und Resafa an den Euphrat bei Sura. Weiter im Osten setzte sich die Linie entlang dem Chabur bis an den Tigris fort.

Noch heute sind zahlreiche Kastellruinen hiervon gut erhalten, insbesondere zwischen Palmyra und Damaskus. Sie liegen – wie Chan Mannqura – zumeist vor den Pässen der Bergkette, die sich von Damaskus über Palmyra hinaus entlangzieht und wie eine natürliche Grenzlinie der arabischen Wüstensteppe gegen Westen wirkt. In der südsyrischen Basaltzone ist diese Linie weniger klar; man baute hier deswegen ein tief gestaffeltes System aus Kastellen und Beobachtungsposten an wichtigen Ost-West-Passagen. Bei weitem nicht immer ist deren genaues Alter bekannt, doch kann auch das Lager von ad-Diateh am Osthang des Drusengebirges über einem tief eingeschnittenen Wadi auf diese Zeit zurückgehen. An dieser Stelle entwickelte sich auch ein kleines Lagerdorf mit einem auffälligen Mangel an römischen oder griechischen Schriftzeugnissen, so daß man erwogen hat, hierin eine Ansiedlung verbündeter Halbnomaden zu sehen, die gegen Gewährung freier Ansiedlung die Grenzverteidigung übernahmen. Eine derartige Kooperation im großen Stil wurde später noch mit dem Stamm der Ghassaniden ins Leben gerufen.

Unter Diokletian fanden die letzten großen Christenverfolgungen statt; manch signifikantes Ereignis hierbei hatte in Syrien seinen Schauplatz, so auch das Martyrium des Soldaten Sergios in Resafa: Hier sollte sich in der Folgezeit noch eines der wichtigsten Pilgerzentren des Nahen Ostens entwickeln!

Die frühbyzantinische Epoche

Die Regierungszeit Konstantins d. Gr. ist durch zwei Ereignisse von herausragender Bedeutung für die Zukunft des gesamten Mittelmeerraumes gekennzeichnet: Zum einen ist es seine Förderung des Christentums – getauft wurde er erst auf seinem Sterbebett – und zum anderen die Verlegung der Hauptstadt des Römischen Reiches von Rom im Jahre 330 nach Konstantinopel. Hatte sich das innere Ende der heidnischen Antike schon seit geraumer Zeit in verschiedenster Weise angedeutet, so wurde es durch die Erhebung des christlichen Glaubens zur staatlich geförderten Religion besiegelt. Die »offizielle« Abwendung von der paganen Religion hin zu mehr jenseitig orientierten Glaubensvorstellungen, von einer materialistischen Lebenseinstellung zu einer spirituellen Weltsicht, bedeutete gleichzeitig eine Verlagerung des geistigen Schwerpunktes nach Osten, in den Orient, wo das Christentum schließlich entstanden war. Dies spiegelt auf seine Weise auch die Verlegung der Hauptstadt von Westen nach Osten, auch wenn es dafür noch andere Gründe gab, nämlich die größere Sicherheit und den Reichtum der Ostprovinzen, von deren Ökonomie die Hauptstadt nicht abgekoppelt sein sollte.

Für beide Bereiche, die florierende Wirtschaft und die weite Lebensbereiche beherrschende Spiritualität, bietet das byzantinisch-frühchristliche Syrien ein Übermaß an historisch und archäologisch bekannten Spuren.

Das dritte Charakteristikum jener Zeit ist die unendliche Folge von Kämpfen gegen das sassanidische Perserreich, die das Land offenbar für die muslimische Eroberung sturmreif geschossen haben: Auch dies kann durch unvergleichlich gut erhaltene archäologische Denkmäler illustriert werden.

Das Christentum setzt sich durch

Zunächst gilt es jedoch die Entwicklung der christlichen Kirche im Osten kurz zu skizzieren, woran Syrien in höchst interessanter Weise beteiligt war. Die fraglichen Ereignisse kennt der Europäer bestenfalls noch aus Geschichtsbüchern, in der Gegenwart spielen sie bei uns kaum noch eine Rolle; in Syrien dagegen sind sie lebendige Geschichte geblieben.

Kurz nachdem Konstantin das Christentum anerkannt hatte, berief er im Jahre 325 das Konzil von Nikäa ein, wo für alle Christen definiert worden war, daß Gottvater und Jesus eine Natur und ein Wesen waren, und somit Jesus Mensch und Gott in Einem. Damit konnte sich eine vom alexandrinischen Presbyter Arius vertretene und auch im syrischen Bereich vielfach favorisierte Anschauung nicht durchsetzen, die die Gleichheit von Vater und Sohn nicht anerkannte und die göttliche Natur Christi abstritt – was der Koran später explizit aufnahm. Lukian, Bischof von Antiochia, hatte bereits vorher verkündet, daß Jesus ein Gott untergeordnetes und ihm nur ähnliches Wesen sei, womit er zu einem Mitbegründer des Arianismus wurde. Der Nachfolger Konstantins, sein Sohn Konstantios, bekannte sich aber wieder zum Arianismus und konnte ihm zeitweise zum Sieg im Osten verhelfen, auch wenn die Arianer sich in reine Vertreter und sogenannte »Semi-Arianer«, die von einer Wesensähnlichkeit zwischen Gottvater und Christus ausgingen, spalteten.

Erst unter dem von Theodosius einberufenen Konzil von Konstantinopel im Jahre 381 wurde die Definition des nikäischen Konzils bestätigt und als allein gültig hervorgehoben. Alle Häresien sollten bekämpft werden. Zudem wurde in mehreren Schritten die Schließung aller noch existierenden heidnischen Heiligtümer angeordnet und im Jahre 392 jeglicher Kult in ihnen verboten. Daß dies gegen die vielfach noch in der Mehrheit befindlichen Heiden nicht einfach durchzusetzen war, zeigt ein Vorkommnis aus Apamea, wo Bischof Marcellus die Zerstörung des Zeustempels anordnete und dafür von den Anhängern des Zeusglaubens hingerichtet wurde. Berichte über weitere gewalttätige Auseinandersetzungen zwischen den Religionsgruppen sind vor allem aus Antiochia überliefert, wo die Spannungen zusätzlich durch die Zugehörigkeit zu unterschiedlichen »Zirkusfraktionen« geschürt wurden.

Die theologischen Streitigkeiten wurden im 5. Jh. noch weiter getrieben, und da die die Diskussion führenden Bischöfe von Rom, Konstantinopel, Antiochia und Alexandria mittlerweile auch den größten gesellschaftlichen Einfluß und damit politische Macht besaßen, waren diese Auseinandersetzungen auch stets hochpolitischer Natur. Nach der Verdammung des Arianismus ging es nunmehr darum, wie sich die göttliche und die menschliche Natur in Christus zueinander verhielten. Hauptgegener in dieser Frage waren Nestorios, Bischof von Konstantinopel und Angehöriger der antiochenischen Schule, und Kyrillos von Alexandria. Nach ersterem bestanden in Christus zwei getrennte Naturen, nach letzteren zwei verschiedene, aber nicht getrennte. Kyrillos konnte sich im Jahre 431 auf dem Konzil von Ephesos durchsetzen und die Nestorianer als Häretiker verurteilen. Dennoch besteht bis auf den heutigen Tag die nestorianische (auch »ostsyrische« oder »assyrische«) Kirche auch auf syrischem Boden noch weiter; ein Teil ihrer Anhänger hatte sich im 16. Jh. mit Rom uniert und ist unter dem Namen »Chaldäer« bekannt.

Unter den auf der Siegerseite stehenden Nachfolgern des Kyrillos entstand jedoch wiederum Streit: Diesmal ging es um die von der alexandrinischen Schule vertretene Aussage, daß nach der Fleischwerdung Christi seine zwei Naturen zu einer göttlichen Natur geworden seien. Diese monophysitische Lehre konnte sich gegen den Papst von Rom und den Patriarchen von Konstantinopel jedoch nicht durchsetzen, fand aber in Ägypten und Syrien ihre beträchtliche Anhängerschaft. Dies konnte auch das Konzil von Chalkedon – heute der Istanbuler Vorort Kadiköy – im Jahre 451 nicht verhindern, in dem nochmals unterstrichen wurde, daß in Christus zwei vollkommene, untrennbare und unvermengbare Naturen existierten und Nestorianismus und Monophysitismus zu verdammen seien. Die Folge hiervon war, daß zwischen Byzanz und dem gesamten Orient eine tiefe religiöse und nationale Kluft aufbrach, deren Brisanz man aus heutiger Sicht nicht unterschätzen darf. Zweifellos wurden hier Fakten geschaffen, die die islamische Eroberung zwei Jahrhunderte später wesentlich erleichterten.

Aus Opposition gegen die Beschlüsse von Chalkedon entstand in Syrien die Jakobitische Kirche, benannt nach ihrem Gründer Jakob Baradäus, dem Bischof von Edessa. Sie wird heute auch als syrisch-orthodox bezeichnet und hat im Iraq, in Syrien und im Libanon ihre Anhänger.

Die konstantinische Zeit sah, wie überall, so auch in Syrien, die Entstehung wichtiger Kirchenbauten, beispielsweise der Kirche des Heiligen Grabes in Jerusalem oder des berühmten oktogonalen Zentralbaus in Antiochia. Sie alle wurden Vorbilder für spätere Gotteshäuser in Syrien. In militärischer Hinsicht war die konstantinische Periode im Osten eine relativ ruhige, kleinere Auseinandersetzungen brauchen an dieser Stelle nicht zu interessieren. Erst unter Iulian Apostata, dem letzten heidnischen Kaiser, wurde wieder ein großer Feldzug nach Mesopotamien unternommen (361–363), während dessen Verlauf der Kaiser jedoch sein vorzeitiges Ende fand. Bis zu den großen Kämpfen im 6. Jh. hatte Syrien nunmehr Zeit, wirtschaftlich zu prosperieren.

Die »Toten Städte« in Nordwestsyrien

Ein unvergleichlich gut erhaltenes Beispiel für die wirtschaftliche Blüte Syriens in der frühchristlich-byzantinischen Zeit stellt das Gebiet der sogenannten »Toten Städte« in Nordwestsyrien dar. Es handelt sich um ein Areal zwischen den Städten Antiochia, Aleppo und Apamea, wobei in der antiken politischen

Geographie die administrative Anbindung an Antiochia und Apamea entscheidend war. Die »Toten Städte« liegen allesamt in einem meist zwischen 400 und 800 m hoch gelegenen Kalksteingebirge, welches durch zahlreiche Täler unterbrochen wird, die sich sehr malerisch durch ihre rote und sehr fruchtbare Erde von den grauweißen Kalksteinen der Gebirgszüge abheben. Die Ruinenstätten liegen – jedenfalls soweit sie erhalten sind – allesamt abseits der Täler in den felsigen Gebirgszonen und sind vielfach nur sehr mühselig erreichbar.

Dies ist einer der Gründe für ihre im gesamten Mittelmeergebiet so einmalig gute Erhaltung; ansonsten erklärt sich dieser Umstand aus ihrer Geschichte: Die Blüte der auf über 600 Orte verteilten Ruinen lag im 4. bis 6. Jh. n. Chr. Sie hing von einer spezialisierten Wirtschaftweise ab, die auf den Handel mit Olivenöl im östlichen Mittelmeergebiet begründet war, welcher über eine sozial gehobene, westlich orientierte Schicht in den Städten Apamea und Antiochia ablief. Genau diese Strukturen wurden mit der muslimischen Eroberung zerschlagen: schlagartig bestanden kein Bedarf und keine Grundlage mehr für den nahezu in Monokultur praktizierten Olivenanbau.

Erst seit einigen Jahrzehnten entstehen wieder Dörfer an den Stellen der antiken Siedlungen, werden Ruinen wiederbewohnt und instand gesetzt, mehr und mehr Wege und Straßen erbaut, mehr und mehr auch die letzten Winkel modern erschlossen. Die Zerstörung archäologischer Substanz ist eine unausweichliche Folge hiervon. Eine Wanderung durch diese Landschaft, in welcher man sich im Angesicht von römischen und frühchristlichen Dörfern, Gehöften, Häusern, Grabbauten, Tempeln, Kirchen und Klöstern mit immer wieder Schatten spendenden Bäumen in die Antike zurückversetzt fühlen kann, ist von einzigartigem Reiz.

Die Erschließung des Gebietes begann schon in hellenistischer Zeit, denn Antiochia mit seinem Hafen Seleukia mußte mit seinem Hinterland verbunden sein. So ist denn auch die Straße von Antiochia nach Osten in Richtung Aleppo-Beroea und Chalkis ad Belum an einigen Stellen noch erhalten, wenn auch erst in ihrem römischen Ausbaustadium. Sie entspricht in ihrem Verlauf der modernen Straße Antakya – Aleppo, die auch heute noch der per Auto aus Europa Anreisende benutzt.

Die Zeugnisse aus der römischer Kaiserzeit, also dem 1. bis 3. Jh. n. Chr., nehmen sich im Verhältnis zu der Masse von Bauten aus dem 4. bis 7. Jh. auf den ersten Blick noch sehr bescheiden aus. Tatsächlich ist mittlerweile aber eine so große Zahl von Inschriften und anderen Denkmälern jener Zeit bekannt, daß bereits hier mit einer flächendeckenden Besiedlung gerechnet werden muß, die aber in byzantinischer Zeit noch massiv ausgeweitet wurde und wohl die Überlagerung der kaiserzeitlichen Reste bewirkte. Kultische Zentren in römischer Zeit – mindestens bereits ab dem 1. Jh. n. Chr. – waren unter anderen die Bergheiligtümer vom Djabal Scheich Barakat und Burdj Baqirha; auf sie wollen wir hier aber nicht mehr eingehen.

Firqiya

Am unmittelbarsten treten die antiken Bewohner in ihren Grabmälern vor uns. In vielen Fällen nennen uns ihre Inschriften Namen, Alter und Sterbedatum, manchmal sind die Verstorbenen auch bildlich dargestellt, sei es alleine oder im Kreise ihrer Familie beim Totenmahl. Die Namen sind meist semitisch, selten griechisch oder lateinisch.

Eine der interessantesten Nekropolen kann man noch in Firqiya im südlichen Teil des Kalksteinmassivs besichtigen. Ihr ausgedehntes Areal zieht sich außerhalb des modern wiederbesiedelten Ortes einen weiten Hang hinauf. Versteckt zwischen kleinen Felsnischen, Oliven- und Feigenbäumen, eingebettet in kleine Baumkulturen, trifft man immer wieder auf aufwendig verkleidete Grabkammereingänge oder reliefgeschmückte Fassaden mit den immer wiederkehrenden schwebenden Viktorien und Astralsymbolen, die das bekränzte Bild des Toten flankieren, ja sogar Götterfiguren und der Darstellung eines thronenden Priesters in einheimischer Tracht. Man fühlt sich an die gleichzeitigen Grabmosaiken aus Edessa erinnert mit ihren aramäischen Beischriften und bemerkt, daß allen römischen Bildelementen zum Trotz einheimische Orientalen vor uns stehen. Eine weitere überraschend reich reliefierte Grabkammer bemerkt man versteckt mitten im antiken wie heutigen Ort: dort stößt man nach einigem gezielten Suchen auf den arg zweckentfremdeten Bau des Abedrapsas und der Amathbabea aus dem Jahre 324/325, dargestellt bei einem luxuriösen Totenmahl im Kreise ihrer unvollendet gebliebenen zahlreichen Lieben. Die antiken Häuser des Ortes sind nicht ganz so beeindruckend, ihre Bausubstanz ist stark dezimiert, die verbleibenden Reste in verwirrender Art in die neuzeitlichen Häuser integriert und damit oftmals nicht zugänglich. Bis vor einiger Zeit konnte man jedoch die Überraschung erleben, in einem der wiederbewohnten frühchristlichen Häuser einen noch in situ befindlichen Mosaikboden gezeigt zu bekommen, sorgsam verdeckt unter einem Teppich!

Al-Barah

Nach einigen weiteren Kilometern durch ein kleines Tal voller üppigen, mediterran anmutenden Bewuchses gelangt man nach al-Barah, dem ehemals wichtigsten Ort des südlichen Kalksteinmassivs. Sein antiker Name ist Kapropera. Die moderne Siedlung liegt neben der antiken, beide sind durch ein Wadi getrennt, an dem in seinem weiteren Verlauf noch andere Beispiele der »Toten Städte« liegen. Kapropera besitzt eine beträchtliche Ausdehnung, die dem Besucher erst allmählich deutlich wird, da sich die zahlreichen Häuser, Kirchen und Klöster noch unausgegraben und halb verschüttet unter den ausgedehnten Olivenhainen verstecken. Drei Denkmäler fallen jedoch sofort auf, wenn man seinen Blick über das antike Stadtareal hat schweifen lassen: spitze Pyramidendächer, die zu Grabbauten gehören. Sie stammen wohl aus dem 6. Jh. n. Chr. und beherbergen mächtige Steinsarkophage mit dem Christusmonogramm. Wer hier bestattet war, wissen wir nicht, doch es müssen Angehörige der höchsten sozialen Schichten gewesen sein, seien es Kleriker oder Grundbesitzer.

Serdjilla

Am südlichen Ausgang von al-Barah zweigt eine kleine Asphaltstraße nach Serdjilla ab. Geschützt liegt der Ort am Anfang eines nach Osten führenden Tales. Er fällt nicht durch außergewöhnliche Größe auf, sondern durch die ungewöhnlich gut erhaltenen Gebäude. Dies und der spärliche Bewuchs gewähren ein sofortiges Gesamtbild von der Anlage des Dorfes, das seit einigen Jahren von französischen Archäologen partiell ausgegraben wird. Bemerkenswert ist das bis zur Giebelspitze erhaltene Badegebäude, eine Einrichtung, die bereits auf einen gewissen Wohlstand schließen läßt, ist sie doch in den vielen kleinen Dörfern des Kalksteinmassivs nicht allzu häufig. Seine Wasservorräte bezog es aus einer daneben liegenden großen abgedeckten Zisterne. Wenige Meter weiter steht noch ein ebenso gut erhaltenes Gebäude mit einer zweistöckigen Porticus nach Süden: für dieses Haus bürgerte sich bei Archäologen der Name Café ein, woran wohl soviel richtig ist, daß es sich um ein öffentliches Versammlungsgebäude handelte. Zentrale Lage und Architektur unterscheiden es von sonst noch am Ort stehenden Wohnhäusern, deren Eingangsseiten sich jeweils auf einen Hof öffnen, der von einer Mauer umgeben ist. Diese Wohngebäude erinnern äußerlich an unsere Reihen-Eigenheime: zwei, drei oder vier doppelstöckige Wohneinheiten liegen nebeneinander, können sich auf einen gemeinsamen oder unterteilten großen Vorhof öffnen. Die Unterschiede werden wohl von besitzrechtlichen und familiären Verhältnissen abhängig gewesen sein. Die meisten dieser »Reihenheime« besaßen vor ihrer Fassade in der Regel eine doppelstöckige Porticus, also einen geschützten Wandelgang unten und einen überdachten Balkon darüber. Nur noch wenige Beispiele lassen jedoch die ehemalige Pracht vollständig erahnen; meist sind es gerade diese Teile des Hauses, welche heute zerstört sind. Trotz aller repräsentativer Wirkung dienten diese Gebäude aber nicht allein Wohnzwecken, sondern auch wirtschaftlicher Nutzung: Dies zeigen Futtertröge und Anbindevorrichtungen für Tiere im Untergeschoß, erst in der zweiten Etage wohnte man.

Die Quelle des offensichtlichen Wohlstandes ist dank der jüngsten Ausgrabungen in Serdjilla in einem besonders beeindruckenden Monument sichtbar: Es handelt sich um eine der größten erhaltenen Ölmühlen im Gebiet der »Toten Städte« überhaupt. Erhalten ist ein riesiges Bassin, in welches eine Treppe hinabführt; sichtbar sind noch verschiedene Behältnisse, in denen sich die Verunreinigungen des Öls absetzen konnten, Rollen, mit denen die Oliven zerquetscht wurden, und Balkenlöcher, in denen riesige hölzerne Hebel ebenfalls für den Preßvorgang angesetzt werden konnten. Das Fehlen dieser hölzernen Einrichtungen macht es heute etwas schwierig, sich den Arbeitsvorgang im einzelnen vorzustellen, den man sich überdies auch nicht allzu einheitlich denken darf. Zu groß ist dafür die Typenvielfalt der erhaltenen Ölmühlen des gesamten Kalksteinmassivs; in jeder Ansiedlung sind sie anzutreffen.

Das Ausmaß der Ölbaumpflanzungen muß in der Antike gewaltig gewesen sei, wohl noch umfassender, als es heute wieder der Fall ist. Dennoch wurde hier keine reine Monokultur betrieben, wie man immer wieder liest. Zeugnisse für einen gewissen Wein- und Ackerbau wie auch für Tierhaltung machen es wahrscheinlich, daß man sich zumindest mit den Grundnahrungsmitteln selbst versorgen konnte.

Den enormen Reichtum der frühchristlichen Zeit steckte man jedoch nicht nur in Profanbauten, sondern auch in eine Unzahl größerer und kleinerer Kirchen. Auch hierfür bietet Serdjilla ein Beispiel, dessen jüngst freigelegte Mosaikböden die ehemalige Pracht bezeugen. Sonst sind alle Zeugnisse ihrer Innenausstattungen vergangen und zerstört, sieht man von der steinernen Architektur ab. Keine einzige Kirche im Kalksteinmassiv behielt ihre religiöse Zweckbestimmung, keine christliche Gemeinde blieb bestehen.

Auf dem Weg nach Ma'aret an-Numan

Nach dem Besuch von Serdjilla hat man nach al-Barah zurückzukehren, um von der dortigen Abzweigung aus auf der Hauptstraße in Richtung Ma'aret an-Numan weiterzufahren. Der Weg führt meist in der Nähe eines Trockentales entlang, an dem mehrere Siedlungen der »Toten Städte« aufgereiht liegen.

Gleich am Ortsausgang von el-Barah erreicht man neben unserer Abzweigung Mudjeleia, welches fast nahtlos in den Weiler Btirsa übergeht. Trotz ihrer gut erhaltenen Bauten wird nur der außergewöhnlich Interessierte diese Dörfer besuchen. Nach weiteren zwei Kilometern läßt man rechts eine Abzweigung zu dem großen byzantinischen Gutshof von Bschilla liegen. Wer viel Zeit hat, sollte jedoch kurz darauf in westliche Richtung nach links abbiegen. Dort erreicht man nach zwei Kilometern das bis vor kurzem noch völlig einsam gelegene Schinscharah bzw. Chirbet Has. Es ist ein mächtiger Ruinenkomplex aus gut erhaltenen Häusern, einer Kirche und einem schönen Tempelgrab. Gleich eine ganze Anzahl von »Reihenhäusern« fällt auf, im Frühjahr scheinen sie in einem überflutenden Meer von gelben, roten und blauen Blumen zu ertrinken, aus den Fenstern der oberen Etagen quellen mächtige Feigenbäume.

Ruweha und Djerade

Nach dieser langen Rundfahrt ist man normalerweise zu spät in Ma'aret an-Numan, um noch einen Blick in das archäologische Museum zu werfen, welches in einem hübschen osmanischen Chan untergebracht ist. Eher wird die Zeit noch ausreichen, um über eine Nebenstraße via Ruweha und Djerade auf die Schnellstraße Richtung Aleppo zu fahren. Ruweha ist wegen seiner perfekt erhaltenen frühchristlichen Grabbauten einen Kurzbesuch wert, sei es nun das Tempelgrab von Bassimas und Mathbabea, welches beide im Jahre 384 angeblich erneuerten, oder jene im Bereich einer Kathedrale, die ein gewisser Bizzos im 6. Jh. stiftete. Letztere sind heute in einem Bauernhof vollständig verbaut, so daß Zugang und Eindruck arg erschwert werden; allein die über das Lehmdach ragende Rundkuppel deutet die Architektur des kleinen Baues an. Auch die zerstörte Kirche ist wegen der rezenten Einbauten schwer zugänglich, doch vermittelt der mächtige Bau durch die weit auseinander stehenden Stützen einen guten Eindruck davon, was eine »Weitarkadenbasilika« eigentlich ist: Für diesen Kirchentyp hatte man in Syrien eine Vorliebe entwickelt.

Wenige Kilometer weiter passiert man Djerade; zur Rechten erblickt man das moderne Dorf mit einer Reihe gut erhaltener Bauten des 4. bis 6. Jhs. und links einen Komplex bestens erhaltener Villen mit einem hoch aufragenden Wohn- oder Wachturm. Ein kurzer Rundgang ist hier erquicklich und wenig aufwendig, es reicht aus, sich von den idyllischen Hofanlagen, Porticen und dem Ruinenensemble beeindrucken zu lassen, insbesondere von einer von uns so genannten, durch Erdbeben entstandenen »Klappmauer«, einer abenteuerlich ausbiegenden Quadermauer: ein unfreiwilliges Wunderwerk irdischer Statik.

Übernachtung an traditionsreichem Ort

Meist wird man von hier aus nach Aleppo zurückfahren, um dort zu übernachten. Als traditionsbewußte Orientreisende steuerten wir meist das Baron-Hotel an. Seit Anfang des Jahrhunderts machten hier alle namhaften Orientreisenden Station, am bekanntesten wahrscheinlich Agatha Christie, die Ehefrau des englischen Archäologen Mallowan. Das Baron muß ehemals tatsächlich seinem guten Ruf gerecht geworden sein, heute lebt man von ihm. Aber es kann durchaus seinen Charme haben, in einem Zimmer zu übernachten, wo nicht nur die schönen Möbel aus dem Anfang des Jahrhunderts stammen, sondern auch die gesamte Bettwäsche, worüber traditionsreiche englische Etiketten belehren. Auch sonst ist nur das Wenigste blinder Renovierungswut zum Opfer gefallen, weder der bröckelnde Anstrich noch die Reste der Toilettenarmaturen, sieht man von einigen Verfehlungen aus dem Bereich der Plaste-und-Elaste-Produktion ab. Aber immer noch ist das Baron Treffpunkt für viele Leute, die den Orient noch individuell erleben wollen und können, und die hier gerne ihre Erfahrungen austauschen, am besten in der Bar mit ihren originalen Blechreklameschildern, die auch manchem deutschen Biertrinker das Herz höher schlagen lassen. Hier scheint die Zeit stehen geblieben zu sein, selbst der beeindruckende Hirtenhund an der Rezeption scheint noch aus den Gründerjahren des Hauses zu stammen. Und wer noch weiter in Nostalgie schwärmen will, der lasse sich gegenüber in einem Frisiersalon rasieren: hier ist noch alles aus dem Chicago der 40er Jahre, und damals hatte wohl auch der Betreiber des Ladens seinen Beruf ergriffen.

Simkhar

Im Mittelpunkt jeder Exkursion durch die »Toten Städte« steht ein Besuch des Simeonsklosters. In einer knappen Autostunde kann man es von Aleppo aus erreichen. Nachdem man das Einzugsgebiet der Millionenstadt verlassen hat, begegnen einem wiederum die ersten Ruinenstädte im nun schon gewohnten Kalksteingrau. Bevor man deren Beginn richtig realisiert hat, weist ein kleines Schild auf den Ort Scheich Sleman hin, den wir zuerst ansteuern, um von dort aus einen Fußmarsch nach Simkhar zu unternehmen. Simkhar liegt völlig abseits jeder Wege in einer sanften Talmulde, und es ist von Scheich Sleman aus auch nicht sichtbar. Nur ungefähr können wir die Richtung halten und über mehrere Bergrücken und Talmulden wandern, bis uns ein Hirtenjunge nochmals die richtige Richtung weist. Irgendwann sehen wir dann die unberührte Ruinenstadt idyllisch zwischen einigen grünen Bäumen in der sonst völlig kargen Felslandschaft liegen. In der Mitte des kleinen Ortes fällt sofort ein reich ornamentierter Kirchenbau auf. Es handelt sich um die Seitenkapelle einer größeren, heute aber weitgehend eingestürzten Kirche aus dem 6. Jh. Die anderen Häuser, Gräber und Ölmühlen sollen nicht eigens erwähnt werden, es ist eher die Idylle, Ruhe und Einsamkeit, die wir hier noch genießen können.

Während des Rückweges ist Scheich Sleman dank seines hoch aufragenden Turmes – der sich ähnlich auch an anderen Orten findet – wie eine Marke meist gut sichtbar. Es ist umstritten und letztlich unbekannt, welches dessen Zweckbestimmung war, ob es sich um einen Wachturm oder eine Rekluse asketischer Mönche handelte. Angesichts der persischen Überfälle jener Zeit, nicht weit von der Hauptstraße zum Mittelmeer, mag man die Notwendigkeit eines »Frühwarnsystems« gespürt haben, konkret bekannt ist hierüber jedoch nichts. Von den drei Kirchen des Ortes ist die der Maria geweihte am weitesten im Süden mit einer schönen Narthexfassade, vorgelagertem Atrium und Annexbau die besterhaltene, größte und sehenswerteste.

Mschabbak und das Simeonskloster

Auf dem weiteren Weg zum Simeonskloster passiert man die Säulenbasilika von Mschabbak, linkerhand auf einer Anhöhe gelegen: der Bau aus der 2. Hälfte des 5. Jhs. ist die besterhaltene Kirche des Kalksteinmassivs überhaupt. Leider erzählen keine Inschriften etwas über ihre Geschichte. Durch Deir Tazze geht es am Fuße des Djabal Scheich Barakat, des antiken Mons Koryphaios, weiter in die kleine fruchtbare Ackerebene von Qatura, hinter der sich auf einem leicht bewaldeten Berg die monumentale Klosteranlage des Heiligen Simeon erhebt.

Dort hatte der fromme Asket nacheinander auf einer 6, dann auf einer 12 und schließlich auf einer 22 Ellen hohen Säule insgesamt dreißig Jahre seines Lebens verbracht. Simeon war als Säulenheiliger, als sogenannter Stylit, im Orient kein Einzelfall, doch niemand erreichte seine Berühmtheit. Das in der damaligen Zeit ohnehin blühende Pilgerwesen zog bezeugtermaßen Besucher aus Britannien, Gallien und Spanien sowie Persien und Zentralasien an. Selbst in Rom soll man von Simeon kleine Votivbilder für den eigenen Schutz aufgestellt haben. Sein historisch gut bezeugter Lebenslauf zeichnet noch für uns Heutige ein aufschlußreiches Bild seines Werdegangs. Wohl um das Jahr 389 wurde er im syrisch-kilikischen Raum geboren. Er trat bald in ein damals sehr bekanntes Kloster in Theleda ein, dem heutigen Deir Tell Ade in der unmittelbaren Nachbarschaft des Simeonsklosters. Die ohnehin harten Askesevorschriften überbot er bei weitem, statt drei Fastentagen pro Woche hielt er deren sechs ein und aß nur noch sonntags. Als Zeichen der Überwindung seines Körpers und seines beschränkten materiellen Daseins, seiner seinen Geist gefangennehmenden Physis, behandelte er seinen Körper mit äußerster Mißachtung, versuchte seine ihm auferlegten Schranken zu durchbrechen: monatelang fesselte er sich bis aufs Blut, Jahre verbrachte er in Erdlöchern und Brunnenschächten, vierzig Tage lang soll er gefastet und sich schließlich an einen Felsen gekettet haben, um allen irdischen Widrigkeiten zu trotzen. Schließlich bestieg er, wie vor ihm bereits die Priester der »Dea Syria« in Membidj, seine immer höher werdenden Säulen, setzte sich Wind und Wetter immer gnadenloser aus und kreierte einen neuen Typ christlichen Asketentums.

Alle Einzelelmente seines Verhaltens sind für das östliche Asketentum mehrfach bezeugt, wozu auch das Leben in Höhlen, Zisternen und Grabkammern zählt; im ostsyrischen Mönchstum soll man sogar geweidet haben. Die Ursache dieser Lebensweise ist sicherlich komplex, Anregungen können von mancherlei Seite gekommen sein, sei es aus griechischer Philosophie, dem im Orient verbreiteten Gnostizismus, indischer Askese oder bestimmten Bemerkungen des Apostels Paulus. Unbestreitbar sind sie aber extremer Ausdruck von Flucht vor dieser Welt, die ja in der Spätantike in vielerlei Hinsicht feststellbar ist. Eremitentum in dieser Form ist zuerst in Ägypten im 4. Jh. nachweisbar, und nach und nach scheinen sich einige dieser abgeschlossen lebenden Mönche zu Gemeinschaften zusammengeschlossen zu haben.

Alle diese Mönche zogen Heilsuchende, Reisende und Neugierige an, keiner aber in dem Maße wie Simeon; jeder Pilger wollte ihn berühren und etwas von seinem Heil für sich gewinnen. Der eigentlich von ihm ausgelöste Reisestrom scheint seinen Höhepunkt aber erst nach seinem Tod im Jahre 459 erreicht zu haben. Ab jener Zeit wurde seine Stätte der Askese zu dem mächtigsten klösterlichen Pilgerzentrum Syriens ausgebaut. Seine Säule, von der heute nur noch ein abgewetzter Stummel steht, wurde von einer kreuzförmig angelegten Kirche umgeben, den eigentlichen Säulenraum faßt ein Oktogon ein. Unmittelbar neben der Pilgerkirche liegt das mehrstöckige Kloster, dessen Fassaden aus rein kubisch gestalteten Pilastern und Architraven noch in drei Etagen aufrecht stehen, am südlichen Ende der Bergterrasse steht noch eine vorzüglich erhaltenen Taufkirche.

Man vermutet, daß ein solch gewaltiges und teueres architektonisches Unternehmen nur mit Unterstützung des Kaisers in Konstantinopel verwirklicht werden konnte; konkrete Hinweise darauf gibt es jedoch nicht. Die Meisterwerke der Bauornamentik – man vergegenwärtige sich nur die wunderbaren »windbewegten« Kapitelle – sind jedenfalls von lokalen Steinmetzen ausgeführt worden, wobei wegen der unmittelbaren Nähe zu Antiochia natürlich auch zu jener Metropole handwerkliche Beziehungen vermutet werden dürfen. Und angesichts dessen, was zahllose rein lokale Initiativen an Bauwerken im Kalksteinmassiv realisieren konnten, ist es durchaus nicht ausgemacht, daß ein solches aus aller Herren Länder besuchtes Heiligtum mit einem sicherlich erheblichen Spendenaufkommen nicht erst auf kaiserliche Munifizenz angewiesen war.

Die zahlreichen Pilger wurden in Herbergen, sogenannten Pandocheia, untergebracht, wohl zu einem erheblichen Teil im unterhalb des Berges gelegenen Deir Siman, dem antiken Telanissos. Dieser von den Touristenströmen zumeist ignorierte mächtige Ruinenkomplex aus Klöstern, Kirchen und Herbergen erlebte seinen Bauboom ebenfalls erst in der Zeit nach dem Tod des Simeon Stylites, auch wenn dieser mehrere Jahre seines Lebens ebenfalls hier sein Asketenleben fristete. Nicht zufällig nimmt der Aufgang zum Simeonskloster hier, durch den noch stehenden Triumphbogen, seinen Anfang.

Orte in der Umgebung des Simeonsklosters

Qala'at Siman, wie das Simeonskloster von den Arabern genannt wird, bietet sich als Ausgangspunkt für so manche weitere Tour im nördlichen Kalksteinmassiv an. Während der organisierte Rundreisetourismus von hier aus höchstens noch die Basilika von Qalb Lhose anfährt, die uns erst später beschäftigen soll, liegen ungezählte Sehenswürdigkeiten praktisch vor der Haustür. Bereits um die schon erwähnte Ebene von Qatura zieht sich ein dichter Kranz interessanter Stätten, die hier nur sehr kursorisch erwähnt werden können: vom kleinen, aber überwucherten Dorf Taqle ist die bis zum Giebel aufrecht stehende Westfassade einer Basilika nennenswert. Auf der anderen Seite der Ebene liegen fast in Steinwurfentfernung Qatura mit seinen kaiserzeitlichen Felsgräbern und dem Doppelsäulengrab des Aemilius Reginus, nur wenig weiter in Sitt er-Rum das Pilastergrab des Eisidotos aus dem Jahre 152 und ein kleines Kloster und wiederum nach kurzem Fußmarsch Refade mit wehrhaft ausgebauten Gutshöfen.

Folgt man dem Straßenabzweig zum Simeonskloster durch ein kleines ansteigendes Tal weiter, so ist erneut eine Anzahl sehenswerter Stätten gut erreichbar. Sie liegen unmittelbar an einer zuerst noch asphaltierten Straße oder in ihrer Nähe. Meist sind frühchristliche Kirchen ihre Hauptattraktion, so in Basufan, Kafr Lab, Burdj Hejdar, Charab Schems, Banastur, Surkanaya und Fafertin. Mit den letzten beiden Orten sind wir wieder in der Nähe des schon erwähnten Simkhar. In Fafertin steht immerhin die älteste bekannte Kirche Nordsyriens – genauer gesagt ihre Apsis – aus dem Jahre 372: Damit gehört sie auch zu den ältesten Kirchenbasiliken der Welt.

Qala'at Kaloté

Von besonderem Interesse ist auch Qala'at Kaloté, ein auf einem konischen Hügel weithin sichtbar gelegener Ort, den, wie der Name andeutet, die Araber als Burg benutzten. Auf ihm liegt allein eine Kirchenruine in einer starken Befestigung. Bei genauerem Hinsehen bemerkt man jedoch, daß in den Mauern der Kirche älteres Mauerwerk liegt, welches zu einem Tempel gehörte, der nach einer hier gefundenen Inschrift den Himmelsgottheiten geweiht war, also ein Höhenheiligtum darstellte, wie sie uns schon des öfteren begegneten. Einmal mehr wurde hier das in die Tat umgesetzt, was die frühen Kirchenväter empfahlen, nämlich pagane Heiligtümer bis zur Unkenntlichkeit zu zerstören und neue christliche Bauten auf ihnen zu errichten.

Brad

Ähnlich scheint es sich auch im benachbarten Brad zu verhalten, wo man an Stelle der sogenannten Kathedrale ein älteres Heiligtum vermutet, ohne daß jedoch hiervon noch Grundmauern sichtbar wären. Die Kirche ist als »Kathedrale« bekannt, weil sie nach dem Simeonskloster die größte Kirche des Kalksteinmassivs darstellt und in Syrien sonst nur noch von einem einzigen weiteren Kirchenbau jener Epoche an Ausmaß übertroffen wurde. Leider ist sie recht schlecht erhalten, so daß die mühselige Anfahrt für die meisten Besucher ein fragwürdiges Unternehmen bleibt. Dafür ist von ihr bekannt, daß sie zwischen 395 und 402 von dem Architekten Iulianos erbaut wurde, so daß mit ihr die sonst leider für uns wirklich »toten« Ruinen etwas zu sprechen beginnen. Der Ort hieß auf griechisch Kaprobarada und geht mindestens auf das 2. Jh. n. Chr. zurück, wovon unter anderem eine gut erhaltene Badeanlage, Häuser und Grabbauten zeugen. Im 6. Jh. war die Stadt schließlich zusammen mit al-Barah die größte des ganzen Kalksteinmassivs.

Am Nordende des Kalksteinmassivs

Hiermit ist fast schon die nördlichste Spitze des Gebietes der »Toten Städte« erreicht, so daß wir uns bei unserem Rundgang wieder nach Süden wenden, durch die Ebene von Qatura, vorbei am Fuß von Qala'at Siman und Mons Koryphaios in die große Ebene von Sermada. Durch die intensive rezente Wiederbesiedelung sind die ehemals reichen Stätten an ihrem Rande, welche noch bis vor 50 Jahren gut studiert werden konnten, heute in ihrem Bestand arg dezimiert. Das Kloster von Theleda, wo Simeon einen Teil seines Lebens verbrachte, wurde bereits erwähnt, dasjenige von Deir Turmanin verdient Beachtung wegen seiner phantastischen Bauornamentik.

Zwischen Bab el-Hawa und dem heutigen Grenzübergang in die Türkei, woher auch schon die antike Wegführung von Antiochia nach Osten verlief, zweigt eine kleine Straße in die Berge nach Süden ab, in den sogenannten Djabal Barischa. Auf diesem Weg passiert man erneut ein ganzes Defileé gut erhaltener Ruinenstädte wie Ba'uda, Babiska, Dar Kita, Kfeir, Baqirha, Burdj Baqirha und Babutta. Ba'uda ist besonders wegen seiner vielen Ladenreihen auffällig, die dem Ort den Charakter einer reinen Handelsstadt direkt oberhalb der Straße Antiochia – Beroea bzw. Chalkis verleihen.

Im nächst gelegenen Babiska sind zwei Sakralbauten bemerkenswert: zum einen die »Ostkirche« aus dem Beginn des 5. Jhs.; sie wurde von einem Architekten namens Markianos Kyris erbaut, der auch noch von anderen Gotteshäusern dieser Gegend bekannt ist, nämlich der Paul-und-Moses-Kirche von Dar Kita aus dem Jahre 418 und der ebenfalls benachbarten Ostkirche in Ksedjbeh aus dem Jahre 414. Die andere Kirche in Babiska, die dem hl. Sergius geweiht ist, stammt erst aus dem Jahre 609/10 und ist damit das letzte uns bekannte Gotteshaus, das im Kalksteinmasiv erbaut wurde. Der relative Reichtum des Ortes spiegelt sich auch in seinen zwei Badeanlagen wider.

Vom in Sichtweite gelegenen Dar Kita wurde die Kirche des Markianos Kyris bereits erwähnt; zu ihr gehören ein kleines Baptisterium aus dem Jahre 516 sowie weitere Annexgebäude, die sich um einen Kirchhof gruppieren. Um die Duplizität der Sakralbauten von Dar Kita und Babiska zu erweitern, sei erwähnt, daß es hier ebenfalls noch eine Sergiuskirche gibt.

Vorbei an der kleinen Kirche Burdj al-Deruni gelangt man nach einem weiteren Kilometer in das bereits an einem Berghang gelegenen Baqirha, wobei man zuvor links Kfeir und rechts Chirbet al-Chatib passiert hat. Hier hat sich bislang noch niemand wiederangesiedelt. Hervorzuheben sind die Ostkirche aus dem Jahre 546 mit ihrer noch vollständigen Westfassade sowie ein gut erhaltenes Baptisterium der Westkirche aus dem Jahre 501.

Oberhalb der Siedlung liegt noch ein gut erhaltener Tempel aus der Mitte des 2. Jhs. Seine Rückseite ist noch tadellos erhalten, von den vier Säulen der Front ist erst jüngst noch eine umgestoßen worden. Die Inschrift auf dem Tor zum Heiligtum nennt Zeus Bomos als den Kultinhaber, ein uns zunächst merkwürdig vorkommender Beiname, heißt er doch nichts weiter als »Altar«. Er ist jedoch nichts weiter als die wörtliche Übersetzung des semitischen Beinamens Mabdachos: und Zeus Mabdachos wurde auf dem in Sichtweite gelegenen Mons Koryphaios verehrt. In beiden Fällen galt die Weihestätte also einer lokalen Erscheinung des alten semitischen Himmelsgottes, hier jedoch in mehr oder weniger gräzisiertem Gewand. Sein Beiname deutet an, daß er im Altar, also im Opferstein verehrt wurde, somit die in der semitischen Welt verbreitete Vorstellung vorlag, daß die göttliche Kraft im Stein sitzt, weshalb man heute meist etwas ungenau erzählt bekommt, man hätte seinerzeit Steine angebetet. Beide Kultanlagen stellen die besterhaltenen Beispiele Syriens für Höhenheiligtümer dar, wo man dem verehrten Gott besonders nahe sein konnte. Beide liegen – zusammen mit einem dritten weniger gut erhaltenen – um die Ebene von Sermada gruppiert, um die sich bereits in der Kaiserzeit eine blühende und wohlhabende Gemeinschaft gebildet haben muß.

Bamuqqa

Um den Djabal Barischa weiter zu erkunden, müßte man recht verzweigte Wege gehen; die vielerlei Orte sind zudem von unterschiedlichem Interesse. Unbedingt sehenswert ist jedoch Bamuqqa, westlich des Ortes Baschmischli. Besonders das Frühjahr macht den Besuch zu einem Erlebnis: innerhalb eines üppigen Kornfeldes liegt dort ein kleiner dunkler Hain, in welchem wiederum eine römische »Villa« aus wohl noch dem 1. Jh. n. Chr. liegt. Man geht zunächst an einer kleinen, noch im Kornfeld gelegenen Ölmühle vorbei und betritt dann durch einen von mehreren Eingängen einen ummauerten Hof mit Annexen für Tierhaltung und einem kleinen zweistöckigen Herrenhaus. Es ist das älteste erhaltene Wohnhaus im ganzen Kalksteinmassiv, zu ihm gehört auch in einigen hundert Metern Entfernung eine kleine Grabanlage. Später, im 5. und 6. Jh., entwickelte sich westlich hiervon eine Ansammlung kleinerer Anwesen, bis schließlich ein ganzer Weiler entstanden war.

Qalb Lhose

Mehrere Möglichkeiten bieten sich nun, um durch den südlichen Djabal Barischa und die Ebene von Hattin über einen steilen Anstieg den Djabal il-Ala zu erreichen. Dessen Hauptattraktion ist die Basilika von Qalb Lhose, welche wohl zu Recht als die schönste Kirche Syriens bezeichnet wird. Auffällig – aber auch von vielen anderen nordsyrischen Kirchen bekannt – sind die zahlreichen Seiteneingänge: Sie erleichterten wohl die in syrischen Messen übliche Trennung von Frauen und Männern. Typisch ist auch das Bema im Mittelschiff, eine Exedra, in welcher der Bischof und der Klerus während der Katechumenen-Messe saßen. Noch heute begegnet man diesem Zeremoniell in der nestorianischen Kirche Syriens. Wegweisend für den abendländischen Kirchenbau sollte auch die Doppelturmfassade werden, die in der Kirchenarchitektur Syriens im 5. Jh. verschiedentlich begegnet. In einem Fensterprofilband am Nordturm findet man eine Darstellung des heiligen Simeon, weshalb man den Bau gewöhnlich kurz nach seinen Tod um das Jahr 460 oder etwas später datiert. Im Scheitel des Triumphbogens waren ehemals fliegende Engel dargestellt, welche aber wohl irgendwann nach der islamischen Eroberung abgeschlagen wurden. Historisch ist über diese so prominente Kirche nahezu nichts bekannt. Da es keine zugehörige Siedlung gibt, kann man lediglich vermuten, daß es sich um eine Wallfahrtskirche auf dem Lande gehandelt hat.

Justinian I. und die Sassaniden

Unter Justinian I. (527–565) wurde die byzantinische Außenpolitik wieder mit mehr Dynamik betrieben. Er hatte nichts weniger im Sinn, als das zerbrochene Römische Weltreich wiederherzustellen. Um seine Kräfte auf den Westen konzentrieren zu können, schloß er im Jahre 532 mit dem Sassaniden Chosrau I. einen »ewigen« Frieden. Die offensichtliche Schwächung der byzantinischen Truppen im Osten scheint aber bereits im Jahre 540 einen schweren persischen Einfall nach Syrien provoziert zu haben, und bereits vorher bestand die Tigrisgrenze nur mehr auf dem Papier.

Die Sicherung der Ostgrenze

Die Notwendigkeit einer starken Reichsverteidigung in Syrien ließ sich nicht mehr ignorieren. So fallen in die Zeit Justinians denn auch die gewaltigsten antiken Festungsbauten im Orient, für deren Finanzierung die Reichsbevölkerung empfindlich zur Ader gelassen wurde. Deutlicher als bisherige Festungen lassen die neuen Anlagen den unmittelbaren Einfluß Konstantinopels erkennen. Isidor von Milet, der Neffe des gleichnamigen Architekten der Hagia Sophia, war selbst beteiligt, wie uns eine Inschrift des Jahres 550 in Chalkis, südlich von Aleppo mitteilt. Sie befindet sich am Eingang eines ehemals gewaltigen Festungsturmes, der heute freilich nur mehr als Viehstall dient. Die Verteidigungsanlage war Teil eines Festungsgürtels, der die mittelsyrische Steppe vom syrischen Ackerbauland trennte; weiter südlich wurden Andarin und Qasr Ibn Wardan zur gleichen Zeit ausgebaut. In letzterem Ort bezeugen eine mächtige Kirche und ein Stabsgebäude noch jetzt den durch die Architektur ausgedrückten Anspruch Justinians. Zweifellos am eindrucksvollsten ist jedoch die Festung Zenobia am mittleren Euphrat, die zusätzlich mit einem Gegenfort auf der anderen Flußseite abgesichert wurde.

Resafa und Sednaya

Auch Resafa erhielt unter Justinian einen mächtigen Festungsausbau, doch ist es nicht nur aus verteidigungspolitischen Gründen so stark ausgebaut worden, sondern auch, weil hier eine mittlerweile weithin berühmte und reiche christliche Pilgerstätte zu schützen war. Dem religiösen Anliegen Justinians werden wir auch später noch begegnen. Ziel der Pilger war der Sarkophag des schon erwähnten Märtyrers Sergios. Er wurde in der Basilika des Hl. Kreuzes – der sogenannten »Basilika A« – aufbewahrt, genauer gesagt in ihrer nördlichen Seitenkapelle. Ihr heute etwas entstelltes Äußeres verdankt die Kirche zahlreichen Ein- und Umbauten zur Stützung ihres Mauerwerks, die infolge von Erdbeben und Bodensenkungen notwendig geworden waren. Andere Kirchen Resafas, wie den phantastischen Zentralbau und die Basiliken B und C, ließ man dagegen verfallen. Auch wenn Justinian und seine Frau Theodora der Kirche in Resafa ein berühmtes Goldkreuz stifteten, so gehen die Kirchen dennoch nicht auf ihre kaiserliche Bautätigkeit zurück. Dies tun dagegen die profanen Bauten der Stadt, zu denen auch die besonders eindrucksvollen kirchenschiffhohen Zisternen zählen.

Mit der Religiosität Justinians und seiner Frau ist auch die Gründungslegende des Kloster der Liebfrauen von Sednaya verbunden. Demnach soll sich im Jahre 547 bei einer Gazellenjagd vor den Augen des Kaisers dieselbe in ein Bild der Mutter Gottes verwandelt haben, das seitdem im Kloster verehrt wird. Andere der zahlreichen Legenden berichten dagegen, daß die Ikone schon vom Evangelisten Lukas gemalt worden sei. Jedenfalls soll sie sogar dem Sultan Baibars sein Augenlicht wiedergegeben haben und wird daher auch von Muslimen aufgesucht.

Die Zeit nach Justinian

Justians Nachfolger Justin II. weigerte sich, den Persern die im Friedensvertrag festgelegten Tribute weiterzubezahlen. Das finanziell am Boden liegende byzantinische Reich war somit zu einem erneuten, diesmal zwanzig Jahre dauernden Krieg mit Persien gezwungen. Wegen innerpersischer Streitigkeiten konnte im Jahre 591 endlich der Sieg an die byzantinischen Fahnen geheftet werden, indem mit Chosrau II. ein Freund des byzantinischen Kaisers Maurikios auf dem Thron installiert werden konnte.

Für Byzanz bedeutete dies jedoch nicht Frieden, sondern lediglich die Gelegenheit, sich den mindestens genauso schweren Problemen auf dem Balkan zuzuwenden. Meutereien der erschöpften Soldaten brachten aber bald Phokas auf den Thron von Konstantinopel, welcher Maurikios kurzer Hand zusammen mit seinen Söhnen hinrichtete: Chosrau II. zögerte daraufhin nicht, als Rächer des Maurikios im Jahre 605 den ganzen byzantinischen Osten einschließlich Syriens zu besetzen. Im Jahre 615 wurde das Heilige Kreuz aus der Grabeskirche von Jerusalem nach Ktesiphon verschleppt!

Eine letztmalige Wende gelang noch einmal Kaiser Heraklios, der aus Karthago kommend Phokas stürzen konnte. Eine allen militärischen Erfordernissen Rechnung tragende Verwaltungsreform gab dem byzantinischen Staat neue Kraft, religiös beleidigende Äußerungen Chosraus verliehen der Auseinandersetzung den nötigen Impetus. Heraklios konnte als Antwort sogar das persische Hauptheiligtum, den Feueraltar Zoroasters in Ganzak, plündern. Im Jahre 627 schließlich gelang den Byzantinern bei Ninive ein entscheidender Sieg; wenig später wurde Chosrau gestürzt, und sein Nachfolger und Sohn Kovrad-Schiroe gab Heraklios alle ehemals römischen Gebiete zurück; 630 überführte Heraklios das Heilige Kreuz wieder nach Jerusalem.

Trotz dieser Geste war die tiefe, von der Bevölkerung mitgetragene innere Entfremdung zwischen orientalischem Monophysitismus und griechischer Orthodoxie durch neuerliche theologische Streitigkeiten wieder offen ausgebrochen. Nach den langen Kämpfen und persönlichen Schicksalsschlägen war Heraklios innerlich erschöpft, und dem Sassanidenreich war das Rückgrat gebrochen. Alles war bereitet für die Eroberung durch die frischen muslimischen Truppen Arabiens.

Die islamische Zeit

Die frühen muslimischen Eroberungen

Dem Propheten Mohammed gelang es nach seinen Offenbarungen und mit Hilfe der von ihm neu gegründeten islamischen Religion, die bis dahin gespaltenen arabischen Stämme durch die Kraft der neuen Lehre zu einigen und aus ihnen eine Weltmacht zu formen, deren Reich rein flächenmäßig größer als diejenigen von Alexander oder Kaiser Trajan war. Die erstaunliche Dynamik, die die muslimische Religion innerhalb kürzester Zeit entfaltete und die auch heute noch oder wieder spürbar ist, gebietet eine genaue Betrachtung und Würdigung, sofern dies in diesem Rahmen möglich ist.

Die islamische Eroberung erscheint zunächst als eine von vielen Wanderungswellen aus der Arabischen Halbinsel in das Gebiet des »Fruchtbaren Halbmondes«. Der Impetus war nun aber ein unvergleichlich stärkerer: man setzte sich nicht nur in den ein wirtschaftlich attraktiveres Leben versprechenden Städten der byzantinischen Ostprovinzen und des Persischen Reiches fest, um dort zu bleiben. Die Eroberungswelle führte vielmehr bis in die ostchinesischen Provinzen, nach Indien, Südrußland, Nordafrika, Spanien und bis nach Tours, wo Karl Martell im Jahre 732 der Westausdehnung ein Ende bereiten konnte. Die damals einzigen noch existierenden Weltmächte, das Persische Reich und das Reich von Byzanz, wurden entweder vollständig vernichtet oder ihrer florierenden östlichen Provinzen beraubt. Dies vollbrachte ein bis dahin politisch unorganisiert erscheinender und kaum beachteter Stamm von keiner ungewöhnlich großen zahlenmäßigen Stärke.

Zweifellos kamen eine ganze Reihe begünstigender Faktoren zusammen, die dieses einmalige weltgeschichtliche Ereignis möglich werden ließen. Zum einen ist es die Tradition der nomadischen Stämme, ihr Ehrenkodex, mit weitreichenden Beute- und Raubzügen ihr Ansehen innerhalb ihrer Gesellschaft zu stärken: Dies war schon immer so gewesen, und noch Reisende des frühen 20. Jhs. konnten davon ein Lied singen. Ausdauer, Bedürfnislosigkeit und höchste Beweglichkeit scheinen eine überlegene Kriegsführung erlaubt zu haben, der auch zahlenmäßig weit größere Heere weichen mußten. Inwieweit die Aussicht der an den Islam glaubenden Krieger auf ein Leben im Paradies ihnen eine mutigere Kampfesweise gestattete, ist schwer abzuschätzen. Schließlich stießen die arabischen Krieger in weiten Bereichen auf einen innerlich geschwächten oder überhaupt schwachen Gegner: Daß das byzantinische Heer innerhalb von 10 Jahren aus allen nahöstlichen Provinzen herausgeworfen werden konnte, obwohl seine Truppen weit in der Überzahl waren, wirft einen tiefen Schatten auf die innere Verfassung von Byzanz' Ostprovinzen. Die semitische Bevölkerung Syriens war zu einem ganz großen Teil offenbar der byzantinischen Herrschaft überdrüssig, man empfand sie mehr und mehr als drückende Tyrannei, die man lieber gegen die Herrschaft der als ethnisch verwandt erkannten muslimisch-arabischen Führer eintauschte. Den nicht übertrittswilligen Christen und Juden ward unbehelligte Ausübung ihrer Religion verheißen, allerdings gegen eine spezielle Kopfsteuer.

Die ersten vier Kalifen

Zunächst sei die Eroberung Syriens wenigstens in den gröbsten Zügen umrissen: unter dem ersten Kalifen Abu Bakr (632–634) wurden als erstes das heutige Jordanien und Palästina erobert. Herausragender Truppenführer war

Chalid Ibn al-Walid, nach dem die große Moschee in Homs benannt ist. Er soll in einem legendären 18tägigen Marsch die Arabische Wüste durchquert und die byzantinische Armee samt ihren ghassanidischen Verbündeten im Sommer des Jahres 634 aufgerieben haben. Reste der Byzantiner verschanzten sich in Damaskus, mußten die Stadt nach einer sechsmonatigen Belagerung im Jahre 635 aber aufgeben. Bis zum folgenden Jahre 636 wurden Baalbek, Homs, Hama und Aleppo von den muslimischen Truppen eingenommen. Allein Jerusalem und einige Mittelmeerhäfen hielten noch stand. Noch einmal konnte Kaiser Heraklios in Nordsyrien ein großes, angeblich 50 000 Mann starkes Heer aus Armeniern und christlichen Arabern ausheben, welches unter das Kommando seines Bruders Theodoros gestellt wurde. Angesichts dieser numerischen Überlegenheit zogen sich die muslimischen Truppen an den Jarmuk zurück, in die Südwestspitze Syriens. Die Entscheidung der Schlacht fiel während eines Sandsturms am 20. August 636, in der auch Theodoros fiel.

Syrien konnte erneut ohne nennenswerten Widerstand von den Muslimen eingenommen werden, erst das Taurusgebirge setzte den Eroberern ein Ziel. Die Küstenstädte Palästinas wurden bis zum Jahre 637 besetzt, Jerusalem fiel 638, und als letztes konnte das von der See her unterstützte Caesarea im Jahre 640 eingenommen werden. Zwischen den Jahren 639 und 646 wurde ganz Mesopotamien unterworfen, und als nächster Dominostein fiel Persien.

Viele konkrete Folgen bleiben angesichts fehlender historischer Quellen für uns im Unklaren und Nebulösen: Wie reagierte die syrische Bevölkerung im einzelnen, wer blieb frohen, wer schweren Herzens, wer trat aus Überzeugung zum Islam über, wer aus Nützlichkeit, wer unter Zwang; wie verhielten sich die mehr griechisch-byzantinisch orientierten Bevölkerungsteile, wie die einheimischen aramäischen und arabischen? Bei alledem sind die christlichen und islamischen historischen Quellen bisweilen sehr tendenziös, und die Aufgabe des Historikers, sich hieraus ein objektives Geschichtsbild zu formen, wird hierdurch arg erschwert. Manchen Hinweis vermag jedoch die archäologische Forschung zu geben, auch wenn im Vergleich zu Mittel- und Nordeuropa eine Mittelalterarchäologie in Syrien noch sehr in den Anfängen steckt.

Das abrupte und fast vollständige Ende im Leben der »Toten Städte« in Nordsyrien nach der islamischen Eroberung, jedenfalls die völlige Einstellung von Bauaktivitäten, besitzt einiges an Gewicht. Die wirtschaftliche und besitzrechtliche Verflechtung dieser Dörfer und Domänen mit einer führenden Gesellschaftsschicht in den Städten Apamea und Antiochia ist mit guten Gründen vorauszusetzen. Ebenfalls sind intensive handelspolitische Beziehungen der syrischen Küstenregion zu den europäischen Mittelmeeranrainern bis in das frühe 7. Jh. hinein bekannt, die nach der islamischen Eroberung völlig abbrachen. Ein Exodus großer Bevölkerungsteile muß damit einhergegangen sein. Nicht zu vergessen ist auch die intensive kirchliche Durchdringung dieser Landschaft, welcher offenbar der Nährboden genommen wurde. Setzte sich das Leben in den Küstenstädten noch fort, so wurde eine Großstadt wie Apamea zum Dorf degradiert. Je nach persönlicher Einstellung und Zukunftsperspektive wird der einzelne Bewohner Syriens reagiert haben. Die Zukunft Syriens unter den Umaiyaden war jedoch eine günstige und wandelte sich in eine glanzvolle, nur die Orientierung änderte sich: der Blick ging nun nach Osten und nicht mehr gen Westen, dies aber von Syrien als dem Mittelpunkt eines neuen Weltreiches aus.

Umaiyaden (656–750)

Eine ganz andere Aufgabe als die Eroberung war die Konsolidierung und Verwaltung der eroberten Länder. Hierzu waren die Erfahrungen der Eroberer aus Mekka und Medina sicherlich völlig ungeeignet. Unter dem zweiten Kalifen Umar beschränkte man sich daher sehr klug darauf, allein eine militärische und religiöse Führungsschicht zu stellen. Die einheimische, in ihrer großen Mehrheit christliche Bevölkerung hatte nicht unerhebliche Steuern zu bezahlen, bekam aber Schutz zugesichert. Allein ein Muslim durfte bewaffnet sein Besitztum verteidigen: hiermit war die Basis einer Zwei-Klassen-Gesellschaft geschaffen. Militärlager wurden bei Homs, Damaskus, in Transjordanien und in Palästina eingerichtet. Die alten byzantinischen Verwaltungstrukturen blieben aber erhalten. So wurde beispielsweise die Provinzialeinteilung nicht geändert.

Die Abspaltung der Schiiten

Umar setzte als obersten Provinzgouverneur in Syrien einen gewissen Muawiyah ein. Dieser war Muslim, nordarabischer Herkunft, seine Frau eine jakobitische Christin. Kurze Zeit später wurde sein Verwandter Uthman dritter Kalif (644), der aber einige Jahre später (656) von Anhängern Alis ermordet wurde. Ali war Cousin Mohammeds und Ehemann seiner einzigen noch lebenden Tochter Fatimah. Die Anhänger Alis aus der Partei der Schia gingen davon aus, daß ganz allein dieser und dessen Abkömmlinge von Gott zum Nachfolger des Propheten auf Erden, also für das Amt des Kalifen, bestimmt waren und sprachen demzufolge den anderen bisherigen sunnitischen Kalifen das Recht dazu ab. Im Gegensatz zu den Sunniten hat nach Ansicht der Schiiten allein ein verwandter Nachfolger Alis das Recht, höchster Imam zu sein, das heißt geistlicher Führer, der den göttlichen Willen auf Erden verkünden kann. Der Kalif der sunnitischen Seite ist dagegen allein säkularer Führer der islamischen Gemeinde. Hieraus erklärt sich bis heute das starke Gewicht, welches die Imame bei den Schiiten genießen, und wofür es bei den Sunniten keine eigentliche Entsprechung gibt, auch wenn hier natürlich religiöse Autoritäten existieren. Für Ali war Kufah im Iraq die Hauptstadt.

Es kam zu einer Entscheidungsschlacht zwischen Ali und Muawiyah im Juli 657 in der Nähe des Euphrat, die aber unentschieden endete. 661 wurde Ali aus persönlichen Gründen in Najaf bei Kufah ermordet, wo sich heute eine der wichtigsten schiitischen Pilgerstätten befindet. Noch heute lastet dieses Ereignis – wie man leicht in vielen Gesprächen feststellen kann – traumatisch auf der Seele der Schiiten, die sich seit jeher unterdrückt und ungerecht behandelt fühlen, und die seitdem auf Unzufriedene und Benachteiligte eine besondere Anziehungskraft ausüben.

Im gleichen Jahr war Muawiyah in Jerusalem zum Kalifen ausgerufen worden, doch entschied er sich für Damaskus als Hauptstadt seines Reiches, womit das Goldene Zeitalter der syrischen Metropole begann. Trotz aller Bemühungen und Erfolge um die innere Befriedung und Einigung der arabischen Welt ließen sich manche Gegensätze doch nicht ganz verbergen: Die Muslime Mekkas und Medinas vergaßen nicht, daß die Umaiyaden erst spät konvertiert waren, und dies auch wohl eher aus Zweckmäßigkeit denn aus Überzeugung. Im Iraq wurde allein Hassan, der älteste Sohn Alis, als rechtmäßiger Nachfolger anerkannt. Es gelang Muawiyah, ihn nach Medina zu bringen, wo er acht Jahre später nach ausschweifendem Haremsleben starb: über 100 Mal soll er geheiratet haben und auch wieder geschieden worden sein! Die spezielle schiitische Rechtsvorstellung erlaubt dies.

Die atemberaubende Expansion des umaiyadischen Reiches soll hier nicht im einzelnen rekapituliert werden, nur einige bezeichnend erscheinende Episoden mögen erwähnt sein: Im Jahre 674 wurde Turkestan unterworfen und zum ersten Male Kontakt mit Turkstämmen hergestellt, die später noch die Geschicke der arabischen Welt und Syriens entscheidend bestimmen sollten.

Tarsus diente als Basislager für perpetuierende Überfälle auf das byzantinische Kleinasien; die byzantinische Armee mußte sogar eine Belagerung Konstantinopels zulassen, die nach sechs Jahren Dauer erst 680 abgebrochen wurde. Freilich scheint hierbei nicht das verheerende »griechische Feuer« auf Seiten der Byzantiner ausschlaggebend gewesen zu sein – es wurde von einem Damaszener Flüchtling namens Kallinikos erfunden und brannte auch unter Wasser –, sondern der plötzliche Tod Muawiyahs.

Bis es jedoch dazu kam, hatte der erste umaiyadische Herrscher auch das Leben und die Kultur Syriens zu pflegen: Die Finanzverwaltung lag in christlicher Hand und stand dank der rasenden Expansion des Reiches glänzend da. Seine Frau und sein Arzt waren Christen, und auch durch andere Ereignisse ist seine Toleranz gegenüber der christlichen Religion auf syrischem Boden tatkräftig bezeugt. Neu für die islamische Vorstellung war, daß er seinen Sohn Jazid als Erben seiner Herrschaft einsetzte. Bei allem Erfolg ihrer Politik, so war dies eines von vielen Elementen, welches die umaiyadische Dynastie der Kritik strenger Muslime aussetzte, deren Vorwürfe stets in die Richtung einer zu großen Nähe zu unarabischen und unislamischen Vorstellungen gingen.

So dauerte es auch nicht lange, bis nach der Inthronisierung Jazids Husayn als weiterer Abkömmling Alis sich selbst als Kalifen proklamierte. Er und seine Anhänger wurden jedoch bei Kerbela im Iraq von einem kleinen umaiyadischen Heer besiegt und getötet: Dieser Tag ist seitdem der höchste schiitische Trauertag, Kerbela ihr heiligster Pilgerort, eine Pilgerfahrt dorthin wertvoller als eine solche nach Mekka. Jazid starb 683 und wurde nach einem kurzen Intermezzo von Marwan I. gefolgt. Diesem gelang es im Jahre 692 schließlich nach einer halbjährigen Belagerung Mekkas Ibn al-Zubayr, den letzten Thronprätendenten der Schiiten, zu beseitigen. Sein Kopf wurde in Damaskus öffentlich zur Schau gestellt.

Auf Abd al-Malek (685–705) folgte Walid I. (705–715), unter dem das visigothische Reich in Spanien ausgelöscht wurde. Unzählige adelige Gefangene und unermeßliche Beute wurden bis nach Damaskus gebracht und im Hof der Umaiyadenmoschee präsentiert, neben der auch bereits der Palast der Kalifen gestanden haben muß, der aber archäologisch bislang nicht erforscht werden konnte, so daß wir sein Aussehen nicht genau kennen; immerhin scheint er im Bereich des späteren osmanischen Gouverneurssitzes, des heute in ein Museum umgewandelten Azm-Palastes, gelegen zu haben.

Die Gesellschaftsstruktur

In der syrischen Gesellschaft der umaiyadischen Zeit bildeten sich durch die Praxis des Alltagslebens vier Klassen heraus: Führend waren die muslimischen Araber, die an der Spitze der religiösen Institutionen, von Politik und Militär standen. Ihnen folgten die konvertierten Syrer, die entgegen aller religiösen Vorschrift keine volle Gleichberechtigung erlangten und somit in die Arme radikaler und orthodoxer Muslime getrieben wurden. Es lag durchaus nicht im Interesse der umaiyadischen Herrscher, daß große Teile der arbeitenden Bevölkerung zum Islam übertraten, drohten somit doch erhebliche Steuereinnahmen verloren zu gehen. Durch die Annahme der arabischen Sprache trugen sie jedoch auch dazu bei, daß die Bezeichnung Araber auf alle arabisch sprechenden Bevölkerungsteile übertragen wurde, ganz gleich, ob sie nun zur alten aramäischen Bevölkerung zählten oder nicht.

Eine dritte Klasse bildeten die Christen, Juden und als Angehörige einer ebenfalls monotheistischen Religion die Sabäer. Ihre Tolerierung ließ sich aus den Worten Mohammeds ableiten und war obendrein ein Gebot politischer Notwendigkeit; allein in Arabien selbst wurden entsprechend bestimmter Äußerungen des Propheten keine Nichtmuslime geduldet, abgesehen von einer jüdischen Gemeinde im Jemen. Sie erhielten militärischen Schutz und behielten ihre eigene Jurisdiktion, außer für den Fall, daß ein Muslim in eine Affäre mit ihnen involviert war: dann nämlich unterstand die Gerichtsbarkeit einem Muslim. Angesichts der nach wie vor überdeutlichen christlichen Bevölkerungsmehrheit und des immer noch unersetzlichen technischen Know-hows auf allzu vielen Gebieten soll dieses System ohne allzu große Härten für Christen und Juden funktioniert haben. Lediglich unter Umar II. (717–720) wurden zahlreiche erheblich diskriminierende Vorschriften erlassen, die aber keinen dauerhaften Bestand haben sollten.

Die unterste Klasse stellten die Sklaven dar, deren Blut aus den zahlreichen kriegerischen Unternehmungen ständig aufgefrischt wurde. Der Sklavenhandel blieb für viele Jahrhunderte ein blühender Wirtschaftszweig in der muslimischen Welt, und viele Herrscher hatten Mütter aus dem Sklavenstand.

Die muslimischen Araber brachten Syrien ihre Sprache und ihre Religion, alles andere an Kunst, Kultur und Wissenschaft fanden sie in Syrien vor; hier bildete sich auf dem Boden der syrischen Kultur eine neue islamische, die ohne die Hilfestellung der einheimischen Intellektuellen nicht hätte entstehen können. Dies gilt auch für die in der Alten Welt lange Zeit führende arabische Medizin, die davon profitierte, daß ältere griechische und orientalische Werke ins Arabische übersetzt wurden. Die spezielle Förderung der Medizin geht dabei auf ein Wort Mohammeds zurück, welcher ausdrücklich und allein Theologie und Medizin als Wissenschaften anerkannte. Dabei machte die Bereitschaft der frühislamischen Kultur, von der antiken Welt zu lernen, deren eigene Stärke aus. Ließ man in Westeuropa die Errungenschaften antiker Wissenschaft in Vergessenheit geraten, so wurden sie in die frühislamische Kultur nach Möglichkeit integriert und dort weiterentwickelt. Das umaiyadische Bauwesen ist hierfür ein anderes beredtes Zeugnis.

Die Umaiyadenmoschee in Damaskus

War die Johannesbasilika in Damaskus nach der islamischen Eroberung von den Christen mit den Muslimen zu teilen – die Christen wandten sich nach dem Betreten des Hofes nach links, die Muslime nach rechts –, so beanspruchte Walid I. den gesamten Komplex als Moschee. Zwischen 705 und 715 wurde die Anlage unter Beibehaltung der römischen Tempelhofmauer umgebaut und wurde dadurch nach dem Felsendom in Jerusalem aus dem Jahre 691 zur zweiten wichtigen Moschee der islamischen Welt. Wohl am berühmtesten sind ihre goldenen Wandmosaiken mit dem Motiv einer fruchtbaren und reich bebauten Flußlandschaft, die islamische Paradiesvorstellungen bildlich darstellen. Auch wenn Vorstellungen vom Paradies ein alter orientalischer Topos sind, so bediente man sich bei seiner Darstellung in Damaskus Formen, die sich über die byzantinische Kunst bis in die römische Wandmalerei zurückverfolgen lassen. Mit der vollständigen Umwandlung in eine Moschee war kein radikaler Bruch mit der christlichen Tradition vollzogen worden: dies belegt allein schon die Wahl des Ortes. Sodann ist das östliche der beiden südlichen Minarette Jesus heilig, von wo er nach muslimischer Überzeugung am Tage des Jüngsten Gerichts hinabsteigen wird. Wie für ihre Zeit typisch sind die Minarette übrigens alle im Grundriß quadratisch, erst die Osmanen führten die hohe runde Form ein; und – ebenfalls nebenbei bemerkt – es gibt wohl keinen Ort, an dem ein beeindruckenderer Aufruf zum Gebet ertönt als es der mehrstimmige Gesang der Umaiyadenmoschee in Damaskus vermag. Das Haupt Johannes des Täufers wird auch heute noch von Christen und Muslimen in einem prächtigen Schrein verehrt, welcher im Gebetssaal steht.

Die Geschichte des Hauptes von Johannes verdient auch in diesem Zusammenhang Erwähnung, soll er doch am Hofe des Herodes Antipater, also eines der Söhne von Herodes d. Gr., im jordanischen Machärus geköpft worden sein, jener heute noch zu besichtigenden Anlage hoch über dem Jordangraben. Dort hatte Salome aufgrund ihres bezaubernden Tanzes einen Wunsch frei und soll selbst oder auf Betreiben ihrer Mutter Herodias die Enthauptung des Johannes erbeten haben. Vermutlich hatte sich dieser bei ihrer Mutter unbeliebt gemacht, da sie nicht nur die zweite Frau des Herodes war, sondern auch seine Schwägerin und Nichte, und somit den christlichen Moralvorstellungen des Johannes ein Dorn im Auge war. Später soll sein Kopf nach Homs gekommen sein und von dort zurück in die Damaszener Johannesbasilika. In Europa erlangte Salome im 19. Jh. als »femme fatale« späten Ruhm.

Die Wüstenschlösser

Die umaiyadischen Wüstenschlösser stehen äußerlich vollkommen in antiker Bautradition, auch wenn sich bei näherem Hinsehen vor allem in ihrer Funktionalität einiges geändert hatte. Auf syrischem Boden haben sich das Qasr al-Heir asch-scharqi und das Qasr al-Heir al-gharbi, also das »östliche« und das »westliche« Schloß, erhalten, wie auch der in einen Vulkankrater gelegene Bau am Djabal Sais. Vermutlich zählt hierzu auch Chirbet al-Beida, die »weiße Ruine«. Alle ahmen rein äußerlich römisch-byzantinische Kastelle nach. Die Bezeichnung Wüstenschloß ist jedoch durchaus irreführend, liegen doch die beiden Qasr al-Heir-Schlösser östlich und westlich von Palmyra in einer im Frühjahr blühenden Steppenlandschaft mit umfänglichen Bewässerungsanlagen. Gerade das östliche Schloß liegt am Rande einer Feuchtigkeit führenden Senke, die heute reichen Getreideanbau erlaubt. Der noch heute funktionsfähige Staudamm Harbaqa in der Nähe des schlechter erhaltenen westlichen Anwesens gehört sicherlich zu der frühislamischen Anlage und ist nicht bereits römisch.

Djabal Sais, zwischen einem inneren und einem äußeren Vulkankrater am östlichen Rand der aus schwarzem Basalt bestendenden Safa gelegen, ist in der Regenzeit von reichlich Wasser führenden Wadis umgeben, die das unmittelbare Erreichen der Anlage unmöglich machen können; hier bilden sich in den flachen Sandpfannen zwischen den vulkanischen Basaltbergen ganze Seen, die eine Passage im Geländewagen zu einem unkalkulierbaren Abenteuer werden lassen, wovon Klaus Obermeier und ich uns in einem November überzeugen durften. Weiter nach Westen, in die Safa hinein, erreicht man nach 20 km Chirbet al-Beida. Von Westen kommend braucht man allein dem Verlauf des aus dem Drusengebirge kommenden Wadi Cham zu folgen, der zusammen mit anderen und kleineren Wadis seine Feuchtigkeit einer lang gezogenen sandigen Niederung zwischen den schwarzen Basaltmassiven spendet. In dieser sogenannten Ruhba – einer fruchtbaren Senke aus rotem Sand – kann man oft große Kamelherden weiden sehen, in völligem Kontrast zu der unmittelbar neben ihnen beginnenden toten und schwarzen Vulkanlandschaft. Die Ost-West-Passage ist ein alter Verkehrsweg, mit dem Jeep aber wiederum allein bei Trockenheit zu meistern. Von Westen her erschloß eine nicht mehr benutzbare französische Militärstraße aus Basaltsteinen diesen Verkehrsweg in der Mondlandschaft der Safa. Einige Meter von ihr entfernt liegt Nemara, ein bereits römischer Beobachtungspunkt, Vorposten der mittelmeerischen Zivilisation in der absoluten Einöde; die Basalttür liegt noch in ihren Angeln und kann wie vor fast zwei Jahrtausenden bewegt werden. Einzelne Grafitti zeigen uns, daß hier Angehörige der 3. Legion aus Bosra stationiert waren. Heute existiert hier eine moderne, aber höchst bescheiden asphaltierte Militärstraße, deren Benutzung jedoch nicht ohne Weiteres erlaubt ist. Was uns Europäern als das Ende der Welt erscheinen mag, stellte für einen Sohn der arabischen Wüste aber wohl eher den Beginn des Paradieses dar.

Man nimmt an, daß die umaiyadischen Wüstenschlösser eine Art Verwaltungsmittelpunkt für die nomadische Bevölkerung darstellen sollten, etwas, wodurch der neue Staat präsent war bei Leuten, denen eine moderne Staatenbildung in unserem Sinne fremd war und es im Grunde genommen auch heute noch ist. Dennoch wird die altbekannte und sich so attraktiv anhörende Interpretation als eine Art von jeglicher Kontrolle abgelegener Lustschlösser nicht völlig von der Hand zu weisen sein; bei dem östlichen und westlichen Qasr al-Heir gab es riesige Jagdgehege, hier konnten die Angehörigen des Kalifenclans die Fertigkeiten trainieren, die seit jeher zu den charakteristischen Eigenschaften eines orientalischen Herrschers gehörten, und wo er Vorbild für andere zu sein hatte: Jagd, Reiten, Kampf und das Leben in der Steppe. Aber auch die süßeren Seiten des Lebens scheinen dazugehört zu haben: Poesie und Musik der Umaiyadenzeit müssen hier ihr passendes Ambiente gefunden haben. In dem bereits in Jordanien liegenden Quseir Amra ist ein Bad mit umfänglichen Wand- und Deckenmalereien erhalten, die eine Hymne auf die Ideologie der Umaiyaden sein müssen. Darstellungen, die auf die wissenschaftlichen, künstlerischen und handwerklichen Disziplinen verweisen, solche, die die Kalifen in eine Reihe mit den großen Herrschern der Welt stellen, und Musikantinnen in üppiger orientalischer Schönheit sind zu finden. Die Malereien – wie der gesamte Bau – stehen vollkommen in byzantinischer Tradition und mußten bei strengen Muslimen zwangsläufig Kritik erregen.

Die auf syrischer Seite gelegenen Bauten bieten diese Aspekte – möglicherweise erhaltungsbedingt – nicht, ihre Pracht ist allgemeinverbindlicher. Jeder, der das Damaszener Nationalmuseum betritt, geht durch die wiederaufgebaute Prachtfassade des Tores von Qasr al-Heir al-gharbi, wo in sehr liberaler Weise mit antiker Ornamentik umgegangen und dabei eine eigene antikisierende frühislamische Kunst geschaffen wurde. Am Ort der Ruine selbst ist dagegen nicht mehr allzu viel zu sehen, viel lohnender ist der Besuch des östlichen Schlosses im Nordosten von Suchne, wohin man über leicht befahrbare Pisten gelangen kann – wenn man die Richtung kennt! Man erblickt dann bereits von weitem zwei mächtige Mauerklötze, die beiden unterschiedlich gut erhaltenen rechteckigen Karrées mit zahlreichen runden Mauertürmen eines Ensembles, das im Jahre 726 auf Anordnung des Kalifen Hischam gebaut wurde.

Zwischen den beiden nur wenige Meter voneinander entfernt gelegenen Komplexen steht noch ein rechteckiges Minarett. In der nahe gelegenen Moschee entdeckte man zahlreiche antike Bauteile, die aus dem rund 80 km entfernt gelegenen Palmyra hierher verbracht wurden. Andere Teile des Wüstenschlosses geben sich als Bäder, Aufenthaltsräume oder Karawanserei zu erkennen. Hischam regierte von 724 bis 743 und war für die Anlage noch weiterer Residenzen in der Wüstensteppe verantwortlich: So geht auch das westliche Qasr al-Heir auf seine Initiative zurück, und kürzlich wurde auch bei Resafa, dem seinerzeitigen Rusafat-Hischam, ein kleiner Palast aus seiner Zeit ausgegraben, wie unter ihm die Umgebung Resafas überhaupt großzügig ausgebaut worden zu sein scheint. Im Innern der Stadt legte man neben der schon erwähnten Pilgerkirche des Sergios eine Moschee an.

Das Ende der Umaiyaden

Das Ende der umaiyadischen Dynastie wurde durch eine Folge schwacher und nicht allenthalben anerkannter Kalifen eingeleitet. Marwan II. verlegte schließlich im Jahre 744 seinen Herrschaftssitz nach Harran – dem Carrhae der Römer –, einer tief in die altorientalische Zeit zurückgehenden Stadt. Der Ort liegt heute bereits in der Türkei und stellt ein großes, von einer mächtigen Stadtmauer umgebenes Ruinenfeld dar, in dem jetzt nur noch einige der sogenannten Bienenkorbhäuser das Bild prägen. Noch heute spricht die Bevölkerung dort von Haus aus arabisch, in Antike und Mittelalter lag hier einer der Schwerpunkte aramäisch-altsyrischer Kultur im Ausstrahlungsfeld von Edessa. Von hier aus hatte sich Marwan II. mit seinen schärfsten Gegenern, den im Iraq sitzenden Abbassiden und den Schiiten, auseinanderzusetzen. Unzufriedenheit der nichtarabischen Muslime besonders in Persien und der nicht leicht von der Hand zu weisende Vorwurf eines unislamischen Säkularismus stärkten die Opposition gegen die umaiyadische Dynastie, die im Januar 750 eine entscheidende Schlacht gegen die Abbassiden verlor. Von den syrischen Städten widersetzte sich allein Damaskus zunächst der Übergabe, konnte sich aber nicht lange halten. Bis auf Abd ar-Rahman wurde das umaiyadische Haus ausgerottet: Letzterem gelang es zu fliehen und im Jahre 756 das glänzende Kalifat von Cordoba zu begründen.

Abbassiden (750–1258)

Mit der Machtergreifung durch die Abbassiden verlagerte sich der Schwerpunkt der arabisch-islamischen Welt gleich in mehrfacher Hinsicht nach Osten: Nach einem kurzen Zwischenspiel, während dessen Kufah Hauptstadt an Stelle von Damaskus wurde, verlegte al-Mansur seinen Hof im Jahre 762 in die bis dahin völlig unbedeutende Stadt Baghdad, so daß das Jahr ihrer Erhebung zum Regierungssitz gleichzeitig als ihr Gründungsdatum gilt. Der neue Kalif umgab sich mit Theologen und islamischen Juristen, die dem Regime einen theokratischen Charakter verliehen. Persischer Einfluß verschaffte sich in mehrfacher Hinsicht verstärkt Geltung. Die Gräber der Umaiyaden wurden – bis auf jene Muawiyahs I. und Umars II. – geschändet, ihre Namen von Inschriften eradiert. Rigoros wurde jeder Gegner unterdrückt, so auch die Schiiten, die mit den Abbassiden gegen die Umaiyaden gekämpft hatten, nun aber bemerken mußten, daß auch die Abbassiden nicht bereit waren, sich das Kalifat von ihnen streitig machen zu lassen. Angesichts einer überwundenen Pestepidemie ging in Syrien das Wort, daß Gott zu gütig sei, dem Land gleichzeitig Pestilenz und die Herrschaft al-Mansurs zuzumuten. Die Kopfsteuer auf Christen wurde erhöht, Übertritte zum Islam erzwungen und Kirchen zerstört.

Harun al-Raschid, im Abendland wohl berühmtester Kalif von 786 bis 809, ließ laut Erlaß alle seit der muslimischen Eroberung neu erbauten Kirchen zerstören. Von der byzantinischen Kaiserin Irene erpreßte er ungeheuere Tributzahlungen. In Raqqa am Euphrat bezog er seine neu erbaute Residenz und entfaltete dort weltstädtische Pracht, bis einer seiner Nachfolger, al-Mutasim (833–842), die abbassidische Residenz wieder in den Iraq, nach Samarra, verlegte. Unter dessen Herrschaft trat auch eine friedfertigere Phase in den Beziehungen zu Byzanz ein.

Raqqa

Raqqa, an der Mündung des Balich in den Euphrat gelegen, war seit den Mongoleneinfällen im 13. Jh. bis in das vorige Jahrhundert hinein praktisch unbesiedelt geblieben und dann erst nach und nach von Bauern, Beduinen und Tscherkessen wiederbewohnt worden. Bis vor wenigen Jahren war es noch eine bescheidene Stadt am mittleren Euphrat; heute wächst sie explosionsartig mit der weitaus stärksten Zuwachsrate Syriens mit all ihren negativen Begleiterscheinungen, und die Berechtigung der Bezeichnung »Perle des Euphrat« erschließt sich dem heutigen Besucher nicht mehr auf Anhieb. Die moderne Bautätigkeit führte dazu, daß seit mehreren Jahren das Gebiet von Raqqa von syrischer und deutscher Seite archäologisch untersucht wird.

Die Stelle des Balich-Mündung war schon immer von besonderer Bedeutung und daher zu fast allen Zeiten – mit der eingangs geschilderten Ausnahme als Folge des Mongolensturms – besiedelt gewesen: auf dem Tall Bi'a lag das Tuttul des 2. Jtds. v. Chr., und dort stand auch noch ein byzantinisches Kloster mit prächtigem Mosaikboden. Seit der hellenistischen Zeit und dann auch in der römischen und byzantinischen Epoche existierte an dieser Stelle eine bedeutende Stadt, die die Namen Nikephorion, Kallinikos und Leontopolis trug. Diese antike Epoche ist archäologisch jedoch unerforscht. Die Araber nannten die Siedlung Raqqa, was übersetzt flaches, ebenes Land bedeutet. Im Jahre 772 gründete der Kalif al-Mansur 2 km westlich von Raqqa den Ort ar-Rafiqa, d. h. die Gefährtin, wohin wenige Jahre später sein Nachfolger Harun al-Raschid seine Residenz verlegte. Das alte Raqqa wurde langsam verlassen, dem Verfall preisgegeben und auch sein Name auf die Neugründung al-Mansurs übertragen.

Die Stadt wurde als typische mesopotamisch-islamische Stadt angelegt: ihr Grundriß war hufeisenförmig und orientierte sich an der runden Anlage von Baghdad, die ihrerseits wiederum in mesopotamischer Tradition stand; man denke dabei etwa an die parthische Metropole Hatra im Iraq. Baumaterial waren Ziegel, wie im Zweistromland üblich, und die ausführenden Handwerker östlicher Herkunft. Der Bruch mit der umaiyadischen Baukunst konnte offensichtlicher kaum ausfallen. Die Stadtmauer mit zahlreichen Rundtümen kann heute nach notwendig gewordener intensiver Restaurierung noch besichtigt werden, ebenso wie das wiederaufgebaute Baghdad-Tor. In der Mitte der Stadt steht die Ruine der Moschee aus abbassidischer Zeit.

Das weite Umfeld von Raqqa war mit palastartigen Bauten übersät, die dem Herrscherhaus samt Gefolge als würdige Unterkunft dienten. Typisch für sie waren neben einer reichen Innendekoration aus Stuck und Malerei die sogenannten Iwane, offene Hallen, die sich in voller Breite auf einen Innenhof öffneten. Sie gehen mindestens schon auf die parthische Architektur zurück und blieben bis in die heutige Zeit ein typisches Merkmal orientalischer Innenhöfe, welches in den Altstädten von Aleppo, Hama oder Damaskus noch oft anzutreffen ist. Das wohl bekanteste Schloß dieser Zeit ist das 8 km westlich von Raqqa gelegene Heraqla, das man mit seinen zwei runden Mauerkränzen eher als Festung bezeichnen sollte. Es erhielt seinen Namen vom byzantinischen Heraklion in Kleinasien, dem heutigen Eregli: Dort lieferten sich Harun al-Raschid und der byzantinische Kaiser eine Schlacht, die siegreich für den Abbassiden ausging. Hieran knüpft die legendär ausgeschmückte arabische Erzählung an, wonach Harun al-Raschid unter den Gefangenen von Heraklion eine schöne Frau gesehen habe, mit sich nahm und ihr die nach ihrer Heimatstadt benannte Burg erbaute.

Mit der Rückkehr Harun al-Raschids nach Baghdad war die Glanzzeit Raqqas nicht beendet; zahlreiche Neubauten und spätere Restaurierungen bezeugen, daß die Stadt weiterhin für Abbassiden, Zangiden und Aiyubiden ihre Bedeutung behielt. In ihrer späteren Zeit wurde hier die berühmte Raqqa-Ware produziert, eine glasierte Keramik, deren Technik bereits in älterer orientalischer Tradition steht. Erst die Mongoleneinfälle in der Mitte des 13. Jhs. beendeten das Leben dort wie auch in vielen anderen Euphratstädten.

Schwindende Toleranz gegenüber Christen und Juden

In Syrien war in der Nachfolge Harun al-Raschids mit al-Mutawakkil (847–861) die schwerste Phase für Christen und Juden erst angebrochen: Sie hatten Ikonen des Teufels an ihren Häusern zu befestigen, gelbe Mäntel zu tragen und durften nur auf Maultieren mit hölzernen Sätteln reiten. Aufstände in Damaskus (854) und Homs (855) waren die Folge, an denen auch Muslime teilnahmen, der abbassidische Statthalter in Damaskus wurde vom Volk umgebracht. Die Reaktion des Kalifen ließ jedoch nicht auf sich warten: Er entsandte einen türkischen General an der Spitze eines 10 000 Mann umfassenden Heeres, und in Damaskus wurde drei Tage lang mit dem Schwert hingerichtet und geplündert, die Führer der Aufständischen wurden gekreuzigt und die Kirchen verwüstet. Trotz alledem oder vielleicht deswegen ließ Mutawakkil seine Residenz wieder nach Damaskus verlegen.

Generell bedeutete die abbassidische Epoche einen bedeutenden Schritt in Richtung einer Arabisierung Syriens, wo bis dahin noch von großen Bevölkerungsteilen aramäisch bzw. altsyrisch gesprochen wurde. Von größter Bedeutung ist die Übersetzungstätigkeit der aramäisch sprechenden, meist noch christlichen Intelligenz Syriens, welche umfängliche griechische Literatur – Plato, Aristoteles, Hippokrates, Galen, Euklid und Ptolemaios – ins Arabische übertrug. Ohne die arabische Übersetzung von Aristoleles' Werken wären seine Schriften in Europa erst wesentlich später wiederentdeckt worden, doch auch in anderen Fällen spielten die arabischen Textüberlieferungen am Beginn des europäischen Humanismus eine wichtige, heute meist vergessene Rolle.

Selbst letzte Inseln paganen Glaubens beteiligten sich an der Übersetzungstätigkeit ins Arabische, wie etwa die Sternenanbeter in Harran, deren Existenz weit in die altorientalische Zeit zurückreichte. Die astronomischen Werke von Ptolemaios und die mathematischen des Archimedes wurden hier der arabisch sprechenden Welt zugänglich gemacht. Da sie eine eigene »Heilige Schrift« besaßen, wurden sie wenigstens bis ins Jahr 1033 als Angehörige einer Schriftreligion von den Muslimen toleriert.

Ägyptische Dynastien (Tuluniden, Ichschiden, Fatimiden)

Die Abbassiden waren nicht in der Lage, die Einheit der arabischen Nation zu erhalten und mußten hinnehmen, daß sich verschiedene kleinere Dynastien Teile des Reiches als eigene Herrschaften aneigneten. Insofern bedeutete das Heraufbrechen der ägyptischen Herrscherhäuser nicht das Ende des abbassidischen, aber gerade Syrien hatte von nun an verschiedene Herren.

Die erste dieser Dynastien war diejenige der Tuluniden (868–905), gegründet von einem General in Ägypten, dessen Vater turkstämmig war. Im Jahre 879 rief sich Ahmad Ibn-Tulun zum Herrscher über Ägypten und Syrien aus, mit einer mächtigen Armee aus 24 000 Türken und 40 000 Negersklaven im Hintergrund. Seine Residenz war al-Fustat in Kairo. Eine Garnison seines Heeres lag auch in der Damaszener Zitadelle, wo sie jedoch im Jahre 901 von den Kriegern einer neuen, radikalen schiitischen Sekte, den Karmaten, geschlagen wurde. Die verworrene Situation konnte jedoch von einem abbassidischen General noch einmal kurzfristig bereinigt werden, indem er den Karmaten in Damaskus und den Tuluniden in Kairo eine Niederlage beibrachte. Dennoch konnte sich ein Abkömmling der Tuluniden 935 erneut als Herrscher von Ägypten ausrufen. Dem Kalifen in Baghdad blieb nichts anderes übrig, als ihn schließlich mit dem persischen Titel al-Ichschid als Nebenherrscher offiziell anzuerkennen, einschließlich der Vererbbarkeit seines Ranges. Syrien stand abermals unter der Herrschaft einer ägyptischen Dynastie, die ihre Ansprüche aber sofort mit einer aus dem Norden kommenenden von beduinischer Herkunft teilen mußte: Der Hamdanide Hassan eroberte im Jahre 944 Antakya, Aleppo sowie Homs und erhielt vom abbassidischen Kalifen den Titel Sayf ed-Dawlah (Schwert des Staates). Beide Seiten hatten mit wechselndem Erfolg weiterhin um Syrien zu kämpfen.

Der letzte der ichschidischen Thronanwärter war ein elf Jahre alter Junge, der natürlich zur Wahrnehmung seiner Geschäfte nicht in der Lage war. Diese Situation innerer Schwäche nutzte eine weitere, plötzlich auf den Plan tretende Dynastie, die bislang nicht der Beachtung wert befunden worden war: In Tunis konnte sich in aller Ruhe seit dem Jahre 909 das Haus der Fatimiden etablieren und im Jahre 969 der Herrschaft der Ichschiden ein Ende setzen. Die Fatimiden leiteten ihr Geschlecht von Fatimah ab, der Lieblingstochter Mohammeds und Frau Alis, und konnten das letzte mächtige arabische Kalifat gründen.

Ihr Territorium reichte nun bis ins mittlere Syrien, und damit war eine für Syrien seit alters bekannte Situation geschaffen: Der Süden wurde von Ägypten aus beherrscht, der Norden behielt sein Machtzentrum in einer seiner großen Städte, nämlich in Aleppo. Als rein äußerlich zu verstehender Akt bekam der Hamdanide vom abbassidischen Kalifen als Insignie der Macht ein Schwert überreicht, als ob er die Macht von seinen Gnaden erhalten hätte. An seinem Hof in Aleppo gingen die größten Dichter und Philosophen der arabischen Welt ein und aus, wie etwa al-Mutanabbi, der die arabische Dichtung zu ihrer Blüte führte.

Der Hamdanide ließ aber auch seit langer Zeit wieder die Feindseligkeiten mit Byzanz aufflackern, wo freilich diesmal mit Nikephoros ein fähiger Kaiser regierte, dem 962 im Rahmen dieser Kämpfe die Einnahme Aleppos gelang und sechs Jahre später die Eroberung von Antiochia, Aleppo und Homs. Gingen die letzteren beiden Städte nach einigen Jahren wieder verloren, so wurde Antiochia bis zum Jahre 1084 gehalten und zusätzlich mehrere Küstenplätze eingenommen. Eine erste kleine Burg wurde an der Stelle der späteren Kreuzritterburg Qala'at Sahyun erbaut; die Festung des kleinen Grenzstädtchens Harim am Orontes entstand und wurde erst 1168 nach mehrfachem Besitzerwechsel von Nur ad-Din endgültig in arabische Hand gebracht. Die letzten Hamdaniden hatten schließlich trotz einer Koalition mit Byzanz die fatimidische Oberhoheit anzuerkennen; ihre Dynastie endete schließlich im Jahre 1003 am fatimidischen Hof in Kairo während der Regierungszeit des al-Hakim.

Drusen und Alawiten

Als Abkömmling Alis wurde al-Hakim von einigen radikalen Schiiten als göttliche Inkarnation verehrt. Unter diesen tat sich besonders der Perser al-Darazi hervor, ohne in Ägypten aber auf Resonanz zu stoßen. Er zog sich in den Libanon zurück, wo er Anhänger seiner Lehre fand und die Sekte der Drusen gründen konnte, die ihren Namen von ihm herleiten. Die Lehre von der göttlichen Inkarnation in menschlicher Form ist eine ihrer Grundüberzeugungen, die ansonsten nach wie vor der strengen Geheimhaltung unterliegen. Der Tod Hakims im Jahre 1021 wurde von ihnen als zeitweise Unsichtbarkeit gedeutet und seine baldige Wiederkehr erwartet. Wurde während dieser ersten Zeit noch intensiv um neue Anhänger geworben, so änderte sich mit der immer offenkundiger werdenden Verzögerung von Hakims Wiederkehr diese Politik dahingehend, daß niemandem mehr der Übertritt in ihre oder der Austritt aus ihrer Sekte erlaubt wurde. An dieser Einstellung hat sich bis heute nichts geändert!

Seit dem 19. Jh. lebt ein bedeutender Teil der Drusen im südsyrischen Hauran, wo das gleichnamige Gebirge nach ihnen benannt ist, heute offiziell aber Djabal al-Arab genannt wird. Sie erbauen keine Moscheen, haben dafür aber Versammlungsräume und Versammlungsplätze. Ihre traditionelle Kleidung unterscheidet sie von anderen Bewohnern, für die Frauen gibt es keine religiös motivierte Verschleierungspflicht, sie fallen eher durch ausgesprochen selbstbewußtes Auftreten auf. Jedem Reisenden in diesem Gebiet wird auffallen, daß das Haus der Drusen viel deutlicher als bei der sunnitischen Landbevölkerung als Privatsphäre gilt und man dem Fremden gegenüber zurückhaltend bleibt, ohne daß dies auf den Europäer allerdings unangenehm wirkt.

Die Drusen sind nicht die einzige schiitische Sekte in Syrien. Bereits seit dem 9. Jh. spalteten sich die heute so genannten Alawiten als eigene Gruppe ab. Sie leben hauptsächlich im syrischen Küstengebirge und stellen eine ländliche Bevölkerung dar. Ihre Lehren sind streng geheim, es gibt verschiedene Einweihungsgrade, Frauen werden gar nicht in ihrer religiösen Lehre unterwiesen, ihre Treffen finden nachts an abgeschiedenen Plätzen statt. Entsprechend kommen auch sie ohne Moscheen aus, die Pilgerfahrt nach Mekka ist nicht üblich, die Alawitinnen bedecken ebenfalls nicht ihr Haar, wie es überhaupt die Trennung in eine männliche und weibliche Welt in der sonstigen muslimischen Ausprägung nicht gibt. Es ist überliefert, daß der mamlukische Sultan Baybars die Alawiten zwang, Moscheen zu bauen, er konnte sie jedoch nicht zwingen, in ihnen auch zu beten. Bezüge zum christlichen Glauben bestehen, indem Weihnachten und Ostern gefeiert werden. Ihr Glaube an Seelenwanderung lehrt sie, daß die Seele Marias in Fatimah weitergelebt haben soll. Es besteht ein intensiver Heiligenkult, wovon die vielen Heiligengräber mit ihren weiß getünchten Kuppeln im Alawitengebirge zeugen.

Am Vorabend der Kreuzzüge

Al-Hakim tat sich nicht als Freund der Christen hervor, vielmehr erneuerte er zahlreiche ältere besonders diskriminierende Vorschriften und forderte alle, die nicht zum Islam übertreten wollten auf, nach Byzanz auszuwandern. Die Kirche des Heiligen Kreuzes in Jerusalem ließ er verwüsten. Zur Verhinderung verbotenen Weingenusses sollten alle Weinstöcke ausgerissen werden, Christen mußten sich in öffentlichen Bädern durch das Tragen eines 5 Pfund schweren Kreuzes als Halsschmuck kenntlich machen.

Seine Nachfolger ließen die fatimidische Macht zerfallen, anarchische Zustände griffen im 11. Jh. in Syrien um sich. Vermehrte Auseinandersetzungen mit Beduinenstämmen und schließlich ab 1070 mit den türkischen Seldschuken kennzeichneten am Vorabend der Kreuzüge die verheerende Lage im Lande.

Seldschuken, Buriden, Zangiden und Kreuzfahrer

Die sunnitischen Seldschuken betraten im 11. Jh. in Turkestan die Bühne der Weltgeschichte und verstanden es, die bisher gültigen Kräfteverhältnisse ganz erheblich zu verschieben. Im Jahre 1055 hatte der nur noch als Marionette fungierende abbassidische Kalif ihren Heerführer Tughril als Sultan zu akzeptieren; 1071 konnte sein Nachfolger Alp Arslan ein kaiserliches byzantinisches Heer bei Manzikert am Van-See in Ostanatolien aufreiben und den byzantinischen Kaiser gefangennehmen. Fast ganz Kleinasien ging für Byzanz verloren, Nikäa wurde für Suleyman, den Cousin Arslans, im Jahre 1077 Hauptstadt, die Grenze der islamischen Welt verlief nun fast im Angesicht von Konstantinopel, wurde aber 1084 nach Konya zurückgenommen. Im gleichen Jahr mußten die byzantinischen Truppen aus Antiochia vor den Seldschuken weichen. Die seldschukischen Emire Yaghi-Siyan, Ridwan und Duqaq teilten sich im Jahre 1097 die Herrschaft über Antiochia, Aleppo und Damaskus, während die Fatimiden nur noch die wichtigen palästinensischen Hafenstädte halten konnten.

Kreuzfahrerstaaten an der Mittelmeerküste

Wenige Jahre vorher, im Jahre 1095, hatte Papst Urban II. durch eine aufstachelnde Rede in Clermont-Ferrand die Initialzündung für die Heere der Kreuzfahrer gegeben, um die christlichen Städte des Heiligen Landes, allen voran Jerusalem und die Kirche des Heiligen Kreuzes, wieder unter christliche Oberhoheit zu stellen. Daß ein solches Unternehmen nicht nur vom Glauben beseelte Kämpfer anzog, sondern auch Glücksritter, Abenteurer und sonstwie auf Gewinn Bedachte, ist selbstverständlich. Bereits 1097 konnte das Heer der Kreuzfahrer das kurz vorher von den Seldschuken eroberte Nikaia vor den Toren Konstantinopels zurückerobern und ihren Truppen eine Niederlage beibringen. Mit dem Erreichen des kilikischen Küstenstreifens spaltete sich das Heer der Kreuzritter. Während sich Balduin von Boulogne 1098 zum Grafen von Edessa erhob, belagerten die anderen Krieger Antiochia, welches sie schließlich 1098 einnehmen konnten, nicht ohne Entsatz von Ridwan von Aleppo und Duqaq von Damaskus zurückgewiesen zu haben. Auch ein weiteres seldschukisches Hilfskorps aus Mossul wurde zurückgeschlagen. Bohemund konnte für sich das Fürstentum Antiochia beanspruchen, Hoffnungen des byzantinischen Kaisers auf Rückgabe wurden von ihm enttäuscht. Raymond von Toulouse und Godfried von Bouillon zogen weiter nach Süden, bekamen von den maronitischen Christen im Libanon Führer gestellt und erreichten schließlich Jerusalem.

Nach nur fünfwöchiger Belagerung wurde Jerusalem eingenommen, und Godfried von Bouillon ließ sich als König von Jerusalem und Verteidiger des Heiligen Grabes ausrufen. Das dritte lateinische Fürstentum war gegründet. Die folgenden Jahre sahen eine Ausweitung und Konsolidierung der lateinischen Macht hauptsächlich an der Küste, wo genuesische und pisanische Flotten tatkräftig mitwirkten, nicht zuletzt, um sich sichere Handelsstützpunkte aufzubauen. Einer der positiven Wirkungen hiervon war, daß anscheinend die Genuesen 1180 in Akko den ersten Konsul überhaupt etablieren konnten, der für die Beglaubigung von Verträgen und Identifikation von Reisenden verantwortlich war. An der Eroberung Beiruts waren sogar norwegische Seefahrer maßgeblich beteiligt. Als viertes und letztes Fürstentum wurde dasjenige von Tripolis 1109 ausgerufen.

Innerhalb erstaunlich kurzer Zeit war damit im Grunde das erste Etappenziel der Kreuzritter erreicht. Ein breiter Küstenstreifen wurde durchgängig beherrscht. Doch die Städte des Binnenlandes – also Aleppo, Hama, Homs und Damaskus – blieben von ihnen unberührt, obwohl sie nur einen Tagesmarsch entfernt von dem eigenen Gebiet lagen und von Zeit zu Zeit auch attakiert wurden; zudem waren und blieben die lateinischen Herren Fremde und eine kleine ethnische Minderheit ohne Verwurzelung im Lande. Damit begann die Zeit gegen die Kreuzfahrer zu arbeiten.

Die Zangidendynastie

Doch zunächst war die Gegenseite geteilt und damit schwach. Auch lag auf islamischer Seite die Initiative schon lange nicht mehr in arabischer Hand, sondern bei den Angehörigen verschiedener Turkstämme, von denen sich in den letzten Jahren die Seldschuken am deutlichsten hervorgetan hatten. Damaskus wurde nach dem Tode Duqaqs im Jahre 1104 von seinen Nachfolgern behauptet, Aleppo gelangte zuerst in die Hand eines turkstämmigen Generals aus Mardin in Anatolien und danach eines weiteren aus Mossul namens Imad ad-Din Zangi, des Begründers der gleichnamigen Dynastie der Zangiden. Diesem gelang nicht nur die Einverleibung von Hama, Homs und Baalbek in seine Herrschaft, sondern auch die Rückeroberung Edessas, des am weitesten im Osten gelegenen fränkischen Fürstentums. Sein Fall im Jahre 1144 auf dem Boden des früheren, angeblich ersten christlichen Königreiches von dieser Welt markierte den Beginn des lateinischen Machtverfalls im Orient.

Doch zunächst bewirkte er den 2. Kreuzzug, welcher von Ludwig VII. von Frankreich und Konrad III. von Deutschland geführt wurde und kläglich mißlang. Syrien bekam im Gegenzug seit langer Zeit wieder ein einheitlicheres Gefüge, indem es Nur ad-Din Mahmud, dem zweiten Zangiden, im Jahre 1154 gelang, auch Damaskus zu erobern. Im Rücken der lateinischen Reiche grenzten nun das Territorium der Fatimiden und dasjenige der Zangiden im nördlichen Jordanien aneinander. Nur ad-Din gelang es durch militärischen Druck und diplomatische Cleverneß, einen seiner Generäle am Hofe der Fatimiden in Kairo Vezir werden zu lassen. Obwohl dieser nur zwei Monate nach seinem Amtsantritt starb, sollte der Schritt erhebliche Folgen zeitigen. Ihm folgte nämlich dessen Sohn namens Salah ad-Din Yusuf Ibn-Aiyub, kurz Saladin.

Um die Herrschaftszeit Nur ad-Dins tatsächlich würdigen zu können, sei hier nur darauf hingewiesen, welch große Anzahl von Bauaktivitäten von ihm ausging: 1166 wurde eine Moschee in Raqqa neu errichtet, in Damaskus die meisten Stadttore sowie das heute noch in Betrieb befindliche Hamam. 1167 entstand die Abrahams-Moschee auf der Zitadelle von Aleppo neben anderen Madrasen, in Homs und Hama baute er, Qala'at Nedjim und Qala'at Djabar am Euphrat wurden von ihm restauriert, und an der Umaiyadenmoschee in Damaskus erhielt er eine bedeutende Grabanlage: insgesamt sind 98 Bauprojekte von ihm überliefert. All dies ist allerdings auch nur vor dem Hintergrund erklärlich, daß in Syrien aufgrund der vorherigen anarchischen Zustände ein ganz erheblicher Nachholbedarf bestand.

Saladin

Die Eltern Saladins waren Kurden, und er wuchs in Baalbek auf, wo sein Vater Aiyub als General fungierte. Dreierlei waren seine Ziele: Ersetzung des schiitischen Kalifats in Kairo durch ein sunnitisches, Vereinigung von Ägypten und Syrien und der Heilige Krieg gegen die christlichen Kreuzfahrerstaaten. Ersteres gelang ihm durch eine uns als Geniestreich vorkommende Tat: Im Freitagsgebet ließ er den Namen des noch im Sterben liegenden Fatimiden al-Adid durch den Namen des Abbassiden al-Mustadi ersetzen. Dies war der Akt, durch welchen das fatimidische Kalifat beendet und das abbassidische seines Usurpators entledigt war. Wirklicher Herrscher Ägyptens aber war Saladin, welcher 1177 den Förderer seines Vaters, Nur ad-Din, in Syrien beerbte. Sein Bruder al-Adil, welcher später, im Jahre 1208, als Erbauer der Zitadelle von Damaskus in die Annalen einging, fügte den Jemen und Nubien diesem wieder gewaltigen Gebiet hinzu; und der abbassidische Kalif hatte dem aiyubidischen Herrscher, wie diese Dynastie jetzt genannt wurde, das Sultanat von Mesopotamien bis in die Kyrenaika und in den Jemen zu bestätigen. Nun konnte sich Saladin den fränkischen Christen widmen.

Entscheidend war im Hochsommer des Jahres 1187 die Schlacht bei Hattin in der Nähe des Sees von Genezareth, wo das schwer bewaffnete fränkische Heer von den leicht ausgerüsteten Kriegern Saladins geschlagen wurde. Unter den Gefangenen war auch der König von Jerusalem, Guy von Lusignan. Noch im gleichen Jahr, nur wenige Monate später, fiel auch die Stadt Jerusalem selbst. Bis auf wenige Küstenstädte und einige Burgen gingen alle Besitzungen der Kreuzfahrer verloren, hierunter auch Qala'at Sahyun, die sogenannte Saladinsburg. In Tartus konnten die Kreuzfahrer gerade einen Turm (!) halten. Die Belagerung des Craq des Chevaliers hatte Saladin nach einem Monat aufzugeben.

Die Niederlage der lateinischen Christen rief den 3. Kreuzzug hervor, an dessen Spitze sich Friedrich Barbarossa – bis vor einigen Jahren noch allen deutschen Schulkindern aus der Dichtung Ludwig Uhlands bekannt –, Richard Löwenherz und Philipp Augustus von Frankreich setzten. Das Schicksal Friedrich Barbarossas war jedoch ein wenig glückliches: Er ertrank bei einer Flußüberquerung an der türkischen Südküste in der Nähe von Silifke, und große Teile des deutschen Heeres traten entmutigt die Rückreise an. Richard Löwenherz und Philipp Augustus konnten dagegen Akko zurückerobern und im Jahre 1192 vertraglich eine Teilung Palästinas bewirken, die den Kreuzfahrern die Küste südlich ab Tyros zusicherte sowie den Christen im allgemeinen ungehinderte Pilgermöglichkeiten nach Jerusalem gewährte. Nur kurze Zeit später, im Jahre 1193, starb Saladin in Damaskus an Fieber; sein Grab steht noch heute bei der Umaiyadenmoschee. An der Außenseite erinnert noch eine osmanische Inschrift daran, daß er Jerusalem von den Ungläubigen befreite.

Es wurde mit Hilfe von Kaiser Wilhelm II. gelegentlich seiner Orientreise in seiner heutigen Form restauriert. Auch andernorts – so im sogenannten Bacchustempel in Baalbek – erinnern noch marmorne Gedenktafeln in deutsch und arabisch an die Spendabilität des letzten deutschen Kaisers.

Abb. X: Damaskus mit der Kuppel vom Grabmal Saladins und der Zitadelle im Hintergrund. Stahlstich aus der Mitte des 19. Jhs.

Trotz der Feindschaft Saladins zu den christlich-abendländischen Kreuzfahrern zeigt sich nicht zuletzt in dieser späten Verehrung durch Wilhelm II. der Respekt, den Saladin durch seine wahre Ritterlichkeit auch in Europa genoß.

Kultureller und materieller Austausch zwischen Orient und Okzident

Das folgende Jahrhundert der Anwesenheit christlicher Kreuzritter im Orient sah in seinem Charakter anders aus als die Epoche der zurückliegenden großen Auseinandersetzungen. Es war eine Zeit vieler kleiner kriegerischer Scharmützel, aber auch vielerlei politischer, wirtschaftlicher und menschlicher Kontakte zwischen allen beteiligten Seiten. Der jahrhundertelang unterbrochene Austausch zwischen Orient und Okzident konnte wieder vermehrt aufgenommen werden, und dies wirkte vor allem für Europa sehr befruchtend, obwohl die arabisch-islamische Kultur ihren Höhepunkt ganz augenscheinlich bereits erreicht hatte. Das Heft des politisch und militärisch Handelnden hatten die Araber ohnehin an ihre turkstämmigen muslimischen Glaubensgenossen abgeben müssen.

Die sehr eintönige mittelalterliche Küche Europas wurde durch die Kenntnis zahlreicher neuer Früchte und Produkte ganz entscheidend bereichert: dazu zählten Zucker (vorher süßte man mit Honig), Reis, Lemonen, Aprikosen, Melonen, Sesam, verschiedenste Gewürze und schließlich zahlreiche Düfte. Verschiedenste luxuriöse Stoffe wie Damast, Satin und Seide gelangten wieder nach Europa. Im Bereich der Medizin wurde die noch auf dem Stand der Völkerwanderungszeit stehende fränkische Heilkunst mit der orientalischen konfrontiert, wie auch mit einem viel entwickelteren Krankenhauswesen: Bekannt ist das Maristan Nur ad-Din in Damaskus, heute ein Museum für Medizingeschichte. Hier wurden nicht nur Kranke behandelt, sondern auch Ärzte ausgebildet.

Im militärischen Sektor scheinen die fränkischen Ritter im Bereich von Nachrichtenübermittlung und Signalgebung von den Arabern gelernt, ihrerseits aber den Burgenbau zu einer Blüte geführt zu haben, der in Europa noch nicht seinesgleichen hatte. Bestes Beispiel hierfür ist der Craq des Chevaliers.

Die wohl schönste Kreuzfahrerkirche steht heute noch in Tartus, andere bemerkenswerte sind in Sidon, Tyros und Beirut erhalten. Die Marienkirche von Tartus wurde 1130 begonnen und ihrerseits Ziel vieler christlicher Pilger. Die Legende kennt dort eine noch von Lukas, dem Evangelisten, gemalte Ikone der Maria und einen Altar, über dem Petrus seine erste Messe gehalten haben soll.

Abb. XI: Kathedrale von Tartus, kolorierter Stich von L. Mayer (um 1810).

Nach dem Tod Saladins

Die aiyubidischen Nachfolger Saladins konnten sein großes Erbe nicht zusammenhalten. Zum einen gelang es den Europäern, ihren Herrschaftsbereich wieder auszudehnen, zum anderen teilten die Mitglieder des aiyubidischen Clans die Herrschaft in Syrien und anderswo zwischen sich auf. Den Niedergang der aiyubidischen Macht konnte auch vielfacher Zwist zwischen den verschiedenen europäischen Partnern zunächst nicht aufhalten. Erst das Aufkommen zweier neuer mächtiger Gegner drängte die Kreuzfahrer erneut in die Defensive, und zwar diesmal entscheidend. Dies waren die allenthalben Schrecken verbreitenden mongolischen Horden von Hulagu, dem Enkel von Dschinghis Khan, und Timur Lenk, welcher auch als Tamerlan bekannt ist, und nachdrücklicher die sogenannten mamlukischen Herrscher, die die Aiyubiden vollkommen entmachteten und deren Position einnahmen.

Die Mamlukenherrschaft

Die entscheidenden und intriganten Vorgänge der mamlukischen Machtübernahme fanden in den 50er Jahren des 13. Jhs. in Ägypten statt und mögen hier beiseite gelassen werden. Kennzeichnend ist jedoch, daß mit den Mamluken Angehörige der aiyubidischen Leibgarde aus dem Stand der Sklaven ans Ruder kamen und diese Position bis zur Einverleibung in das Osmanische Reich im Jahre 1516 behielten. Ihr Nachfolgeprinzip war nicht das der Blutsverwandtschaft, sondern einer Art von Gefolgschaft, d. h. daß auch ein vormaliger fähiger Sklave aus ihrer Garde der nächste Sultan werden konnte. Die Herrschaft war an militärischen Notwendigkeiten orientiert und wird zumeist als von entsprechender Brutalität gekennzeichnet beschrieben. Die mamlukische Hauptstadt blieb Kairo.

Baybars war der vierte mamlukische Sultan und regierte von 1260 bis 1277. Nachdem er und sein nur ein Jahr regierender Vorgänger Qutuz bei den sogenannten Goliaths-Quellen bei Nazareth einen der schlimmsten mongolischen Überfälle auf Syrien abgewehrt hatten, ermordete Baybars seinen Vorgänger heimtückisch und wurde der erste wirklich große mamlukische Sultan. Er konnte Aleppo, wo zuvor angeblich 50 000 Menschen unter das mongolische Schwert gekommen waren, und Hama zurückerobern. Zahlreiche Küstenstädte in Palästina und im Libanon sowie manche Burg der Templer und Johanniter wurde von ihm erobert; am wichtigsten war aber die Einnahme der seit dem 1. Kreuzzug verlorenen Stadt Antiochia im Jahre 1268. Der Fall dieser alten christlichen Metropole, in der noch heute – wenn auch nur rein formell – der Sitz des griechisch-orthodoxen Patriarchats für Syrien ist, war der Anfang vom Ende der Kreuzfahrerzeit im Orient. 16 000 Tote und 100 000 Gefangene werden genannt; die Verwüstung vieler auf die Antike zurückgehender, wichtiger christlicher Stätten war von großer Gründlichkeit und verheerender Wirkung auf die christliche Gemeinde. Bereits drei Jahre später wurde die bedeutendste aller Kreuzfahrerburgen eingenommen: Craq des Chevaliers, wie sie die Franzosen und Europäer nennen, oder Qala'at al-Hosn auf arabisch.

Das Mausoleum Baybars steht in Damaskus nördlich der Großen Moschee innerhalb der Zahiriye-Madrasa, die heute ein Museum für arabische Kalligraphie beherbergt. Sein Mosaikenschmuck lehnt sich motivlich und von der Farbgebung her deutlich an denjenigen der benachbarten Umaiyadenmoschee an.

Baybars Nachfolger Qalawun hatte sich gleich zu Beginn seiner Herrschaft mit der zweiten mongolischen Invasion auseinanderzusetzen und konnte diese

Aufgabe bei Homs noch im Jahre 1280 erfolgreich meistern. Kurze Zeit später nahm er 1285 Qala'at al-Marqab, von wo aus sich die fränkische Besatzung nach Tripolis zurückziehen mußte, welches jedoch nur vier Jahre später ebenfalls eingenommen wurde.

1291 fielen unter seinem Sohn und Erben al-Nasir Akko, Sidon, Tyros, Beirut und als letztes Tartus bzw. Tortosa, wie es die Europäer nannten. Allein die Insel Arwad, in kurzer Sichtweite vor Tartus gelegen, konnte von den Rittern des Templerordens noch elf Jahre lang verteidigt werden. Dann war der letzte Rest der Kreuzfahrer aus Syrien vertrieben.

Die Mongolenstürme

An der zweiten syrischen Front hatte al-Nasir im Jahre 1299 jedoch eine empfindliche Niederlage gegen die Mongolen hinzunehmen, welche ein Jahr später Damaskus schwer zerstören konnten. 1303 wurden sie jedoch von einer ägyptischen Armee südlich von Damaskus entscheidend geschlagen, und der mongolische Schrecken konnte für fast ein Jahrhundert aus Syrien gebannt werden. So ephemer ihre Raubzüge für uns erscheinen mögen, weil sie in Syrien nichts außer Zerstörung hinterließen, um so weniger ist die Wirkung ihrer Unternehmungen gerade in Nordsyrien zu unterschätzen. Städte wie Raqqa und Resafa bekamen in dieser Zeit ihren Lebensnerv abgeschnitten, und weitere archäologische Forschung wäre sicherlich in der Lage, einen mongolischen Zerstörungshorizont in noch vielen syrischen Städten nachzuweisen.

Das Jahr 1400 sah dann noch einmal den schwersten und nun letzten mongolischen Raubzug unter Timur Lenk, genannt auch Tamerlan: Die Zitadelle von Aleppo wurde erneut erstürmt, nachdem sie bereits bei dem Mongolenüberfall von 1260 ihre Pforten hatte öffnen müssen und danach erst 1292 von al-Chalil wieder instandgesetzt worden war. Hierauf bezieht sich auch die große Inschrift am Aufgang zur Zitadelle, wo er sich als »Herrscher über Könige und Sultane, Garant für die Ordnung der Welt, (als) neuer Alexander, Städteeroberer, (als) derjenige, der die Armeen der Franken, Armenier und Mongolen in die Flucht geschlagen hat und (als) Retter der abbassidischen Dynastie« rühmt. Nun aber, nach der neuerlichen Einnahme, sollen 20 000 Einwohner von Aleppo getötet und ihre Köpfe an Pfählen aufgespießt dem Publikum präsentiert worden sein.

Auch Damaskus wurde einschließlich seiner Zitadelle eingenommen und geplündert, die Bevölkerung in die große Moschee getrieben und dieselbe bis auf ihre römische Umfassungsmauer niedergebrannt. Das erste Mal nach ihrem mächtigen Ausbau unter Saladins Bruder al-Adil konnte die Damaszener Zitadelle einem Belagerer nicht standhalten. Ihr wuchtiger Klotz steht noch heute in der Nordwestecke der Altstadt von Damaskus, wo sie in restauriertem Zustand bald erstmalig in ihrer langen Geschichte von militärischen Aufgaben entbunden sein wird und der Öffentlichkeit zugänglich gemacht werden soll. Ihre Lage in ebenem Gelände und der annähernd quadratische Grundriß mit mächtigen Ecktürmen ließen immer daran denken, daß hier bereits der Ort des römischen und byzantinischen Kastells von Damaskus war, wofür es aber noch keinen archäologischen Nachweis gibt, auch wenn manche antiken Bauteile in zweiter Verwendung als schmückendes Beiwerk in die Baumasse der Burg gelangten: Dessen ursprünglicher Ort bleibt aber unbekannt. Die fähigsten Damaszener Handwerker wurden nach Samarkand verschleppt, um Timurs Hauptstadt zu schmücken.

Osmanische Zeit (1516–1922)

Mehr als vierhundert Jahre war Syrien Provinz des türkischen bzw. osmanischen Sultanats, welches auf dem Höhepunkt seiner Macht vom Balkan bis nach Persien und vom Schwarzen Meer bis nach Algerien reichte und das östliche Mittelmeer zu einer türkischen See machte. Noch im 14. und 15. Jh. hatte sich das osmanische Sultanat relativ ungestört in Anatolien entwickeln können und bereits 1453 Konstantinopel, das zweite Rom und die Hauptstadt des byzantinischen Reiches und damit das letzte Überbleibsel des römischen Reiches, erobern und auslöschen können. Damit war den mamlukischen Herrschern in Kairo an deren Nordflanke ein überaus mächtiger Rivale entstanden; dies um so mehr, als der Osmane Selim I. im Jahre 1516 ein persisches Heer schlagen konnte: Hiermit war der mit dem Schah in guter Beziehung stehende mamlukische Herrscher Qansawh al-Ghawri herausgefordert, der zunächst einen Vermittlungsversuch zwischen beiden Kriegsherren unternahm. Sein Gesandter wurde auch von Selim empfangen, jedoch in äußerst provozierender und erniedrigender Weise von seinem Barte befreit, auf einen Esel gesetzt und mit einer Kriegserklärung an die Mamluken zurückgeschickt. Noch ehrenrühriger konnte man kaum behandelt werden!

Die unausweichliche Schlacht zwischen dem mamlukischen und osmanischen Heer fand 1516 nördlich von Aleppo statt. Der modern ausgestatteten türkischen Armee konnten die mamlukischen Krieger nicht lange widerstehen, ihr Heerführer Qansawh selbst fand den Tod auf dem Schlachtfeld. Noch im gleichen Jahr war ganz Syrien osmanische Provinz geworden, Ägypten und das sogenannte Hejaz folgten wenig später. Syrien wurde in die drei Provinzen Damaskus, Aleppo und Tripolis eingeteilt, jeder dieser Paschalik genannten Landesteile von einem sogenannten Pascha verwaltet. Lediglich das Bergland des Libanon wurde anders behandelt; dort wurden relativ unabhängige Gebilde unter lokalen Emiren geduldet.

Weltpolitischer Wandel

Die osmanische Zeit der arabischen Welt und hiermit auch diejenige Syriens wird allgemein als eine Periode des Verfalls und der Provinzialität beurteilt. Dies lag jedoch nicht allein an der Mißwirtschaft der türkischen Gouverneure, sondern auch an weltgeschichtlichen Veränderungen, welche die arabische Welt in den Hintergrund rückten: Dies ist ganz allgemein der Anbruch der Neuzeit in Europa, wo man sich nach der möglich gewordenen Rückbesinnung auf die heidnische Antike zu neuen wissenschaftlichen und kulturellen Höhen aufschwang. Hiermit hängt die Erforschung der Weltmeere und neuer Seerouten zusammen, die die Jahrtausende alten Handelsrouten aus China und Indien durch die Arabische Halbinsel in die Mittelmeerwelt überflüssig werden ließen. Die traditionelle Quelle orientalischen Reichtums begann hiermit wenn nicht zu versiegen, so doch ärmer zu werden.

Dies ging einher mit einer Administration, die vom als despotisch und fremd empfundenen Sultanat in Istanbul abhing, deren Statthalter aufgrund ihrer meist sklavischen Herkunft und ihrer Aufzucht am Hofe der Hohen Pforte sowie ihrer völligen rechtlichen und wirtschaftlichen Abhängigkeit vom Sultan auch ihrerseits nichts anderes kannten als eine »kolonialistische« Herrschaftsausübung im schlechtesten Sinne des Wortes. Die Elitetruppe der Janitscharen war ein kennzeichnender Teil dieses Systems: selbst christlichen Eltern als Kinder weggenommen, wurden sie im Kleinkindalter als Tribut an den Hof gegeben, wuchsen sie beim Sultan auf und wurden auf blinde Gefolgschaft getrimmt – was bei Kindern ohne Familie natürlich mit großer Effektivität durchgesetzt werden kann – und als Eliteeinheit trainiert. Diese im Orient wie in Europa allenthalben Angst und Schrecken verbreitenden Krieger wußten den Willen des im fernen Istanbul residierenden Sultans in allen Teilen seines Reiches mit Erfolg durchzusetzen. Die Folge scheint eine um sich greifende Apathie gerade bei den unter Fremdherrschaft stehenden arabischen Völkern gewesen zu sein, welche zusammen mit den schon erwähnten weltpolitischen Veränderungen ihre Talfahrt nur noch beschleunigte.

Apathie und innere Emigration

Hinzu kam ein Element, das sich in der damaligen Zeit hauptsächlich als Faktor von Anarchie und Unsicherheit niederschlagen sollte, nämlich die Einwanderung weiterer arabischer Beduinenstämme, aus welchen sich heute noch die Bestände der Nomaden Syriens rekrutieren. Es handelt sich hierbei um die Aniseh und die Schammar; zu den Aniseh gehören als größter Teilstamm die Ruwalah. Seitdem haben sich die Zeiten gründlich geändert, doch kann man noch in zahlreichen Reiseberichten vom Anfang dieses Jahrhunderts immer wieder von willkürlichen Übergriffen und Erpressungen von Wegezoll seitens beduinischer Führer lesen, gegen welche die türkische Armee keinen nachhaltigen Schutz bieten konnte. Die Folge war eine Verödung großer Landstriche zwischen dem fruchtbaren Ackerland und der Steppe, von Landesteilen mit

Abb. XII: Damaskus. Innenansicht der Assad Pascha al-Azm Karawanserei. Stahlstich aus der Mitte des 19. Jhs.

einer empfindlichen Ökologie, die erst in den letzten Jahrzehnten wieder mehr und mehr unter den Pflug genommen wurden.

So sehr damals Syrien in Provinzialität versank, so sehr verdanken wir dieser Zeit aber auch eine ganze Reihe der schönsten Bauwerke in den syrischen Metropolen. Insbesondere unter den Gouverneuren der Azm-Familie entfaltete sich eine reiche Bauaktivität, wovon noch die Paläste des Assad Pascha al-Azm in Hama (1740/43) und Damaskus (1749/50) sowie in der letztgenannten Stadt der Chan Assad Pascha al-Azm (1752/53) und die Madrasen (Koranschulen) von Assad Pascha al-Azm (1718/19), Suleiman Pascha al-Azm (1737/38) und Abdallah Pascha al-Azm (1779/80) zeugen.

Tscherkessen und Armenier

Aus der Niederlage gegen Rußland im Jahre 1877 machte die türkische Regierung insofern eine Tugend, als sie zahlreiche flüchtende muslimische Tscherkessen in schwer zu bewirtschaftenden Gegenden Syriens als Wehrbauern ansiedelte. Ihre Auseinandersetzungen mit den sich in ihren Rechten beschnitten fühlenden Beduinen erforderten auf beiden Seiten einen hohen Blutzoll. Heute trifft man die Tscherkessen vielfach als besonders agilen Teil der städtischen Bevölkerungen an, unverkennbar an ihren den Europäer überraschenden roten Haaren, Sommersprossen und der weißen Haut. Syrien wurde jedoch auch noch für andere Flüchtlinge eine neue Heimat, die das Osmanische Reich kurz vor seinem Zusammenbruch verlassen mußten: die Armenier. Vor ihrer planmäßigen Auslöschung durch die osmanische Regierung im Osten Anatoliens konnten sie sich allein durch Flucht retten. Sie stellen heute in den Städten Syriens, vor allem in Aleppo und dann auch in Damaskus, eine sehr bedeutende und geschäftige Minderheit dar, die beispielsweise die gesamten optischen Branchen bis vor kurzem fast ausschließlich beherrschte. Sie sind ein letztes Beispiel dafür, wie in der Bazar- bzw. Suqbildung des Orients bestimmte Bevölkerungsgruppen ganz spezielle Geschäftszweige dominieren.

Zwei Rivalinnen

Aleppo wurde während der türkischen Zeit in Syrien die erste internationale Handelsmetropole und behielt seinen handelspolitischen Vorrang vor Damaskus bis in die Gegenwart. Letztere blieb dafür immer die politisch erste Stadt Syriens, und hieraus resultiert eine nicht zu übersehende Rivalität beider Metropolen, die sich in ihrem Charakter denn auch völlig voneinander unterscheiden. Die Rolle Aleppos im internationalen Handel spiegelte sich bald in der Niederlassung ausländischer Kolonien, so vor allem venetianischer Händler, denen bald Franzosen und Engländer folgten. Zusätzlich etablierten diese Nationen an verschiedenen palästinensischen und libanesischen Hafenorten Vertretungen, ferner im syrischen – heute aber in der Türkei gelegenen – Iskenderun, dem ehemaligen Alexandrette und antiken Seleukia und Hafenvorort Antakyas.

Die Bildtafeln

Hauran und Golan

Unmittelbar südlich von Damaskus und sogar noch etwas in das heutige Jordanien hineinreichend, erstreckt sich eine dunkle Basaltlandschaft unverkennbar vulkanischen Ursprungs, der Hauran. Nach Osten hin schließt sie noch das »Drusengebirge«, das heute Djabal al-Arab genannte und bis zu 1803 Meter hohe Bergland, mit ein, an dem sich die Wolken reichlich abregnen können und im Winter in höheren Lagen oft Schnee fällt. Die Niederschläge ermöglichen eine intensive Bodennutzung, die schon in der Antike praktiziert wurde. Noch immer finden sich in der Region zahlreiche hellenistische, römerzeitliche und frühchristliche Bauten, allesamt aus dem lokalen Basalt errichtet, unter denen die Ruinen von Bosra mit dem besterhaltenen antiken Theater die bedeutendsten sind. Die Westgrenze des Hauran bildet der Golan, der letzte Ausläufer der langgezogenen Gebirgskette, die von Norden nach Süden aus dem Antilibanon, dem über 2800 Meter hohen Hermonmassiv und eben dem Golan gebildet wird. Durch das tiefe Tal des Jarmuk, Schauplatz der Entscheidungsschlacht des Jahres 636 zwischen Byzantinern und Muslimen, wird der Golan an der heutigen syrisch-jordanischen Grenze von den Ajlunbergen getrennt, die bereits zum Nachbarland gehören.

1 Blick über ein Seitental des Jarmuk. Hier beendeten die muslimischen Heere im Jahre 636 n. Chr. die 1000jährige Epoche griechisch-römischer Vorherrschaft in Syrien.

2 Nawa am östlichen Ausläufer des Golans. Türsturz eines antiken jüdischen Hauses vermutlich des 3. Jhs. n. Chr.

3 Inchil im Hauran. Rechts die Fassade eines römerzeitlichen Gutshofes, welcher, nach späteren Um- und Anbauten, noch immer bewohnt wird. Das heutige Dorf beherbergt noch eine ganze Reihe ähnlicher antiker Gebäude. Sie vermitteln das Bild einer ausgesprochen wohlhabenden Siedlung am Rande einer der Kornkammern des römischen Reiches.

4 Der Innenraum vom Tempel der Schicksalsgöttin Tyche in as-Sanamein am Westrand des Hauran. 191 n. Chr. wurde das Heiligtum von Iulius Germanus, einem *centurio* der 3. Gallischen Legion aus Bosra geweiht.

5 Das viersäulige Nymphäum für die öffentliche Wasserversorgung und die sogenannte Kalybé in Bosra, beide aus der Zeit der severischen Kaiser. Letzteres repräsentiert einen Typ von Heiligtümern, den es allein im Hauran gegeben zu haben scheint. Im Hintergrund eine römische Thermenanlage.

6 Das Theater von Bosra, welches sich zu Recht rühmen darf, das besterhaltene der römischen Welt zu sein. Es verdankt seine einzigartige Erhaltung der Tatsache, daß es in eine Festung integriert wurde, deren Mauern und Türme es allseitig umfassen. Hauptsächlich waren es die Ajjubiden zwischen 1211 und 1251, die den Festungsausbau wegen der Kreuzrittergefahr unternahmen.

7 Bosra, Wandelgang einer römischen Thermenanlage am Theater.

8 Kathedrale von Bosra. Der Zentralbau aus dem Jahre 511 gehörte in einen ganzen Komplex kirchlicher Bauten einschließlich eines Bischofspalastes.

9 Der Tempel von Muschennef am Ostrand des Drusengebirges. Neuzeitliche Einbauten erschweren zunächst das Wiedererkennen des Heiligtums aus der Zeit von Herodes Agrippa I., dem 1. Jh. n. Chr., doch hat die profane Wiederbenutzung des Bauwerks auch seine Architektur zu bewahren geholfen.

10 Der Südtempel in Atil, einem unterhalb von Qanawat gelegenen Ort. Hier sind zwei weitgehend gleichartige Tempel erhalten: Der nördliche von ihnen kann inschriftlich entweder in die Jahre 151 oder 211 datiert werden, der hier abgebildete entstand sicherlich gleichzeitig.

11 Qanawat am Westhang des Drusengebirges. Detail einer römischen Säulenbasis im sog. Serail.

12 Qanawat. Blick in das sog. Serail, einen über ein heidnisches Heiligtum gebauten Kirchenkomplex des 4. bis 5. Jhs. Keinerlei Inschriftenreste geben mehr detaillierte Auskunft über Geschichte und Zweck der Ruinen.

13 Qanawat. Dem Sonnengott geweihter Peripteraltempel aus dem 3. Jh. n. Chr. an den Hängen des Drusengebirges über der Ebene des Hauran.

14 Qanawat. Das römische Nymphäum mit immer noch fließender Quelle. Der heutige arabische Name des antiken Canatha bedeutet »Kanal« und gibt wohl die Tatsache wieder, daß der wasserreiche Ort Ausgangspunkt eines Kanalsystems zur Bewässerung der unterhalb gelegenen Ebene war.

15 Si. Die Reste des aus mehreren Höfen und Toren bestehenden Baalschamin-Heiligtums bei Qanawat. Das auf das 1. Jh. v. Chr. zurückgehende Heiligtum verdankt seinen ehemaligen Reichtum Stiftungen verschiedener Handel treibender Nomaden wie Einheimischer. Es erlebte ein wechselvolles Schicksal unter nabatäischer, herodianischer und römischer Vorherrschaft.

16 Das Philippeion in Schahba-Philippopolis. In diesem schlichten Bau wurden Angehörige des Philippus Arabs (244–249 n. Chr.) bestattet und mit göttlichen Ehren bedacht. Es liegt an dem repräsentativ ausgebauten politischen Zentralplatz der vom ersten römischen Kaiser arabischen Blutes gegründeten Stadt.

17 Die Basilika von Schaqqa, ein Profanbau aus dem 3. Jh. n. Chr. Zahlreiche weitere Baureste in dem abseits gelegenen Ort bezeugen die ehemalige Bedeutung des antiken *Eakkeia.*

18 Schaqqa. Versammlungsraum der drusischen Gemeinde in einem antiken Gebäude.

19 Die Lavazone der Ledja, eine geologisch sehr junge Landschaft. Das noch heute schwer zugängliche Gebiet war lange Zeit als Unterschlupf für Räuberbanden berüchtigt. Heute siedeln hier einige Beduinen.

Die Safa

Bekommt der Hauran durch die Bergregion des Djabal al-Arab, an dem sich die Wolken abregnen, noch ausreichend Niederschläge, so ist die düstere Basaltlandschaft der »Safa« mit ihren zahlreichen Vulkankegeln östlich des Gebirges eine regenarme Gegend, die aufgrund ihrer Trostlosigkeit nie Siedler angezogen hat und stets »nur« Beduinenland gewesen ist. Die Nomaden kamen und kommen dabei mit ihren Kamelherden aus der innersyrischen Steppe, die sich an die Basaltebene mit einer abrupten Trennungslinie – dunkle Gesteinsbrocken hier, heller Sand da – nach Osten hin anschließt. Allerdings fließt gelegentlich nach heftigen Regen im Djabal al-Arab auch nach Osten hin Wasser ab, läuft in den tiefen Wadis, die sich dort im Lauf der Zeit gebildet haben, zu Tal und bis zu 60 Kilometer tief in die trockene Safa hinein, wo sich das kostbare Naß in sandigen Senken mit erstaunlich vielfältiger Vegetation sammelt. Verständlich, daß diese Abschnitte zu den bevorzugten Weidegebieten gehören.

20 Die Basalt- und Lavawüste der Safa von Osten aus gesehen. Der tiefe wasserführende Wadi im Vordergrund verhinderte für uns in einem November jedes Eindringen in die urzeitlich anmutende Landschaft. Am Horizont liegt das namengebende vulkanische Bergmassiv.

21 Der Djabal Sais von der Steppe aus gesehen. Der erloschene Vulkan liegt am Rande der Safa und besteht aus einem inneren und einem äußeren Krater.

22 Die umaiyadische Residenz zwischen den beiden Kratern des Djabal Sais am Rande eines Sees im Frühjahr. Neben der quadratischen Residenz aus einem Basaltsteinsockel und zerflossenem Lehmziegelmauerwerk blieben noch die Reste der umliegenden Siedlung erhalten.

23 a-d Grafitti auf dem Vulkanrand des Djabal Sais. Das safaitische Alphabet wurde offenbar in den ersten sechs nachchristlichen Jahrhunderten von den Nomaden in der arabischen Wüste benutzt. Es ist nach der gleichnamigen Landschaft benannt und besteht aus einer Mischung des griechischen Alphabets und früher arabischer Schriftformen. Die Inhalte der Inschriften drehen sich wie die Bilder allesamt um das Hirten- und Kriegerleben.

24 Der innere Krater des Djabal Sais.

25 Nemara, äußerster römischer Beobachtungsposten in der Safa mit einer noch in situ befindlichen Basalttür. Grafitti mit Erwähnung der 3. gallischen Legion aus Bosra geben an, wer hier militärische Aufklärungsarbeit zu leisten hatte.

26 Chirbet al-Beida, umaiyadische Residenz am Rande der Ruhba, einer Senke aus fruchtbarer roter Erde imitten der Safa.

27 Distel in der Safa.

28 Nach Westen führender Wadi bei ad-Diateh zwischen Safa und Drusengebirge.

Damaskus und die Ausläufer des Antilibanon

Am Westende des Qasiuns, einem Ausläufer des Antilibanon, liegt die vom Barada gespeiste Flußoase von Damaskus, die im Ruf steht, mit ihrer möglicherweise 10 000jährigen Vergangenheit der älteste kontinuierlich besiedelte Ort der Welt zu sein. Die von arabischen Schriftstellern als irdisches Gegenstück des himmlischen Paradieses gepriesene Stadt bildete auch stets ein – vielfach überregionales – Machtzentrum: am Übergang vom 2. zum 1. Jtd. v. Chr. war sie die Hauptstadt des auch im Alten Testament erwähnten Königreiches Aram, in hellenistisch-römischer Zeit, als hier auch der Apostel Paulus wirkte, befand sich in ihr mit dem Jupiter-Damascenus-Tempel ein bedeutendes Heiligtum, und in frühislamischer Zeit residierten die Kalifen der ersten muslimischen Dynastie, die Umaiyaden, in der Stadt, die auch heute wieder Sitz der syrischen Regierung ist. Der Altstadtkern, der von der UNESCO zum »Welterbe der Menschheit« erklärt worden ist, zeigt mit seiner von sieben Toren durchbrochenen Umwallung, der als »Gerade Straße« bekannten Hauptachse und dem zentralen Platz, der nacheinander einen aramäischen und einen römischen Tempel, eine christliche Kirche und zuletzt die Umaiyadenmoschee mit ihrem berühmten Mosaikenschmuck beherbergte, noch immer die architektonische Gliederung der Antike.

29 Hof der Umaiyadenmoschee mit dem Schatzhaus der Damaszener Kalifen und den stark restaurierten Mosaiken aus dem 8. Jh. n. Chr.

30 Blick über Damaskus vom Christenviertel aus, im Hintergrund der Qasiun.

31 Blick über den Suq von Damaskus auf die Kuppeln der Assad Pascha al-Azm-Karawanserei aus dem Jahre 1752/53 und die Umaiyadenmoschee.

32 Eines der noch wenigen erhaltenen traditionellen arabischen Cafés in der Damaszener Altstadt.

33 Innenhof eines Chans im Suq von Damaskus: In den auf arabisch Chan genannten Höfen luden Karawanen ihre Waren ab, die von dort aus in die unmittelbar umliegenden Geschäfte gelangten. Auf diese Weise erklärt sich die im Orient so typische Konzentration gleichartiger Händler an ein und demselben Ort.

34 In den Gassen der Damaszener Altstadt.

35 a-b Damaskus. Der Azm-Palast aus osmanischer Zeit. Die osmanischen Gouverneure der Azm-Familie zählten zu den baufreudigsten türkischen Statthaltern in Syrien.

36 Damaskus. Das Westtor des großen Marktbezirkes um den antiken Jupiter-Damascenus-Tempel bzw. die heutige Umaiyadenmoschee: religiöser Ort und Handelszentrum gehörten im Orient immer engstens zusammen.

37 Die Madrasa (Koranschule) Abdallah Pascha al-Azm aus dem 18. Jh. dient heute als Platz für Antiquitätenhändler.

38 Damaskus. Nach europäischen Vorbildern ausgestalteter Wohnraum aus dem 19. Jh. im Beit (Haus) Nizam.

39 Damaskus. Museal hergerichteter Damaszener Wohnraum im Hause Dahdah.

40 Damaskus. Iwan des Hauses Dahdah aus dem 17. Jh. mit den typischen wertvollen Marmor- und Steinarbeiten.

41 Damaskus. Eingang zur Sinan Pascha-Moschee mit typischer Muqarnas-Ornamentik (1586–1591).

42 Islamischer Friedhof in Damaskus.

43 Der lebensspendende Barada in der Altstadt von Damaskus.

44 Durch den Fels geschlagene römische Straße von Damaskus nach Beirut und Homs bei Suq Wadi Barada, dem antiken Abila. In den Fels geschlagene Inschriften berichten darüber, daß die Straße eine ältere ersetzte, die durch einen vom Barada verursachten Erdrutsch zerstört worden war.

45 An den Ausläufern des Hermon liegt das antike Höhenheiligtum von Burqusch mit seiner mächtigen, ehemals überwölbten Terrassenanlage. In frühchristlicher Zeit wurde der Tempel durch ein Kloster ersetzt.

46 Kloster der Liebfrauen in Sednaya. Nach einer der vielen Legenden wurde es von Kaiser Justinian nach einer Marienerscheinung gegründet, andere Legenden führen die wundertätige Ikone des Klosters noch auf den Evangelisten Lukas zurück.

47 Das auf die Antike zurückgehende Kloster Mar Musa bei Nebk am Osthang des Qalamun. Das Innere der Klosterkirche zieren Malereien aus dem 12. Jh.

48 Das an die Felsen geschmiegte Dorf Ma'alula. Zwar erzählt man in dem christlichen Dorf, daß hier noch aramäisch, die Sprache Jesu Christi, gesprochen wird, doch gibt es unter den jungen Leuten niemanden mehr, der diese Sprache noch beherrscht.

49 Das griechisch-katholische Kloster des heiligen Sergius oberhalb von Ma'alula. Gerne wird die Gründung der Klosterkirche aufgrund einer Blutrille in ihrem Altar bereits in die vorkonstantinische Zeit zurückgeführt, als Blutopfer in der christlichen Gemeinde noch nicht verboten waren.

Küste und Alawitenberge

Der Gebirgszug, der sich südlich des Amanos erhebt und an der heutigen syrisch-libanesischen Grenze in eine Senke abfällt, die diese Bergkette vom Libanon und Antilibanon trennt und gleichzeitig eine wichtige Ost-West-Verbindung zwischen Mittelmeer und Landesinnerem bildet, heißt heute Alawitengebirge, benannt nach einer islamischen Sekte der schiitischen Glaubensrichtung, die hier ihr hauptsächliches Siedlungsgebiet besitzt. Gleichzeitig stellt dieser hügelige Landstrich die am dichtesten besiedelte Gegend des Landes dar, da sich hier noch das feuchte mediterrane Klima gegenüber der trockenen Witterung der syrischen Steppe des Landesinneren behaupten kann und die Berge die Bildung von Niederschlägen begünstigen. Vor allem in der Auseinandersetzung zwischen Kreuzfahrern und Muslimen spielte die Region eine wichtige Rolle, die sich noch heute in der Existenz zahlreicher Festungen, von denen der Craq des Chevaliers sicher die prominenteste ist, widerspiegeln. An der Küste finden sich zudem noch Überreste aus vorchristlicher Zeit, wie die Ruinen von Ugarit oder mehrere phönikische Fundplätze.

50 Gotische Vorhalle in der Kreuzritterburg Craq des Chevaliers.

51 Schiffsbau auf der Insel Arwad vor Tartus, der letzten Stellung der Kreuzritter im Nahen Osten, die 1302 fiel. Als Handels- oder Kriegshafen war die Insel jedoch schon mindestens seit den Phönikern von steter Wichtigkeit.

52 Tartus, die letzte Kreuzritterbastion auf dem syrischen Festland, wude 1291 vom Mamlukenherrscher Baibars erobert; heute dient die Zitadellenmauer Wohnzwecken.

53 Grabdenkmäler in Amrit – Zeugen vom Reichtum an der phönikischen Küste. Die Toten wurden in Kammern unterhalb der Türme bestattet.

54 Das sogenannte Wasserheiligtum von Amrit, eines der wenigen noch im Gelände sichtbaren Monumente aus phönikischer und vorhellenistischer Zeit auf syrischem Boden.

55 Der Craq des Chevaliers über der Ebene von Homs und deren Verbindung zur Küste bei Tartus: das Beispiel europäischer Burgenbaukunst im Orient schlechthin.

56 Qala'at Marqab. Die hoch über der Mittelmeerküste gelegene Kreuzfahrerburg der Johanniter wurde 1285 von den Mamluken zurückerobert. Ihr am stärksten ausgebauter Südflügel wird von einem mächtigen Donjon aus 5 Meter dicken Mauern beherrscht.

57 Castel Blanc, der Kreuzritter-Donjon von Safita, einem heute noch christlichen Ort. Die Anlage fiel zur gleichen Zeit wie der Craq. Zwischen diesem und dem Küstenort Tartus stellte er Sicht- und Signalkontakt her.

58 Versammlungsraum mit gotischer Architektur in der zweiten Etage des Donjon von Safita. Das Erdgeschoß beherbergt heute noch eine Kirche.

59 Das Zeus-Baitokaiké-Heiligtum von Hosn Sleman. Eine aus gigantischen Kalksteinquadern gebaute Umfassungsmauer mit mehreren Portalen umgibt den Tempel, der aus dem 2. Jh. n. Chr. stammt.

60 Das Osttor der Umfassungsmauer in Hosn Soleiman trägt eine Inschrift, in welcher die Kaiser Valerian und Gallien zwischen 255 und 259 n. Chr. den Einwohnern der Stadt Baitokaiké die Privilegien bestätigen, die bereits unter den seleukidischen Königen und Kaiser Augustus gewährt worden waren.

61 Qala'at Abu Qubeis, Ismaelitenburg des 12. Jhs. in sicherer Berglage. Die wegen ihrer politischen Mordanschläge von Kreuzfahrern und orthodoxen Moslems gefürchteten Ismaeliten wurden wegen ihres Haschischgenusses auch Assassinen genannt.

62 Die Ismaelitenburg in Masyaf. Seit 1140/41 ist die Burg im Besitz der schiitischen Sekte der Ismaeliten gewesen, bis sie 1270 vom Mamluken Baibars eingenommen werden konnte. Ihr Führer Raschid al-Din Sinan – von den Kreuzfahrern der »Alte Mann von den Bergen« genannt – residierte hier.

63 Qala'at Sahyun, die Saladinsburg, mit aus dem Fels geschlagenem Burggraben und dabei stehengelassenem Brückenpfeiler.

64 Qala'at Sahyun an der Verbindung von Latakia nach Aleppo. Bereits von den Byzantinern im 10. Jh. unter Johannes Tsimiskes befestigt, kam sie im 12. Jh. an Robert von Saone. Saladin eroberte die Burg nach kurzer Belagerung im Jahre 1188, und von da an blieb sie in muslimischer Hand.

65 Die Befestigungsmauer von Ugarit aus dem 14.–13. Jh. v. Chr. Durch diese Poterne gelangte man in das gut geschützte Palastareal der Hafenstadt.

66 Kreidefelsen vor der Küste von Ras el-Basit nördlich von Lattakia.

Aleppo, Hama und Homs mit dem Tal des Orontes

Nicht nur in der Gegenwart, sondern bereits in der Antike spielte die Biqa'a-Ebene, die sich zwischen den beiden von Nord nach Süd verlaufenden Gebirgszügen des Libanon und des Antilibanon erstreckt, eine wichtige strategische Rolle, war sie doch – da die mediterrane Küste jenseits des Libanon ständig durch Flußläufe unterbrochen ist – die einzige bequeme Nord-Süd-Passage. Hier, auf heute libanesischem Staatsgebiet, entspringt der Asi Nehri, der antike Orontes. Er fließt – wenn man den weiten Bogen, den er nach Osten schlägt, wobei er die syrischen Großstädte Homs und Hama durchquert, einmal außer acht läßt – zunächst nach Norden. Erst ganz zuletzt, in der heutigen türkischen Provinz Hatay, die jedoch von Syrien beansprucht wird, wendet er sich nach Westen und mündet, nach insgesamt rund 440 Kilometern Flußlauf, in den Golf von Iskenderun in der Nordostecke des Mittelmeeres. Zuvor passiert er noch Antakya, in der Antike als Machtzentrum des Seleukidenreichs zeitweilig die größte Stadt der Welt, heute jedoch praktisch bar jeglicher antiker Relikte.

67 Blick auf Aleppo mit seiner beherrschenden Zitadelle im Abendlicht. Wie in vielen orientalischen Städten geht auch Aleppos Geschichte auf einen Tall, einen Siedlungshügel, zurück, dessen Alter hier mindestens 8000 Jahre betragen soll. Konkret historisch faßbar wird Aleppo erst als Hauptstadt des nordsyrischen Reiches Jamchad. Heute ist der Tall allein noch als islamische Burg erkennbar.

68 Der in aijubidischer Zeit ausgebaute Zugang der Zitadelle von Aleppo. Hier hatte vorher auch schon die Dynastie der Hamdaniden (944–1003) residiert, die von hier aus Nordsyrien beherrschte. 1260 und 1400 von den Mongolen gestürmt, wurde die Zitadelle vor allem von den Aijubiden und Mamluken jeweils wiederaufgebaut.

69 a-b In den Gassen des Suqs von Aleppo. Lebendiger orientalischer Händlertradition begegnet man hier am unverfälschtesten.

70 Das Achikbache-Haus in Aleppo, ein 1757 von einer reichen christlichen Händlerfamilie gebautes Wohnhaus, heute Museum für Volkskunst.

71 Die auf den umaiyadischen Kalifen Walid I. zurückgehende Moschee von Aleppo, welche im 12. und 13. Jh. nach schweren Zerstörungen wiederaufgebaut wurde.

72 Das Warmbad in einem traditionellen Hamam in Homs – Stätte zum Reinigen und Erholen. Noch heute sind in Syrien Bäder aus dem 12. Jh. in Betrieb, und ihre Tradition reicht zweifellos über die byzantinischen Bäder letztlich bis auf die römischen zurück.

73 a-b Das Webhandwerk in Homs wird noch in vollkommen traditioneller Art ausgeführt.

74 Innenhof im Azm-Palast von Hama.

75 Hama und die bis zu 500 Jahre alten Norias des Orontes, die noch bis vor wenigen Jahrzehnten die Wasserversorgung der Stadt gewährleisteten. Im Hintergrund die Nuri-Moschee aus der Zeit Nur ad-Dins (1172).

76 Trullidorf am Rande des Basaltgebirges Djabal Ahass.

77 a-b Trullidorf in der Steppe zwischen Aleppo und Isriye. Die mit einer Lehmziegelmauer eingefaßten Anwesen bestehen aus mehreren Wohntrulli und solchen für verschiedene Arbeitszwecke, Abstellmöglichkeiten und das Kleinvieh.

78 Qatna, Ringwall aus dem 3. Jtd. v. Chr. Keine altorientalische Metropole Syriens bietet heute noch einen eindrucksvolleren Umfassungswall als diese mittelsyrische Stätte.

79 Qala'at Schmemis, die »Sonnenburg«, bei der Ismaelitenstadt Selemije.

80 Qala'at al-Mudiq über der Ostseite des »Ghab«, die zu allen Zeiten besiedelte Burg Apameas; im Hintergrund die Alawitenberge.

81-82 Apamea mit der größten erhaltenen Säulenstraße Syriens aus dem 2. Jh. n. Chr.
Die Stadt gehört zu den ersten und vier wichtigsten Städteneugründungen der Griechen in Syrien nach der Eroberung des Orients durch Alexander d. Gr.

Die »Toten Städte« im nord-syrischen Kalksteinmassiv

Nördlich von Aleppo erstreckt sich ein flaches Kalksteingebirge mit Höhen zwischen 400 und 800 Metern, das heute – auch wenn die Täler zwischen den kahlen grauweißen Erhebungen der Kalksteinberge einen fruchtbaren roten Boden beherbergen und damit gute Voraussetzungen für eine landwirtschaftliche Nutzung bieten – einen eher kargen Eindruck hinterläßt. Anders in frühchristlich-byzantinischer Zeit, als hier, nahezu in Monokultur, in gewaltigem Ausmaß Olivenanbau, hauptsächlich zur Ölgewinnung, für das Römische Reich betrieben wurde. Mit der Eroberung der Region durch die Moslems entfiel der Abnehmer für dieses Produkt, die Wirtschaft verlor ihre Grundlage, und es kam zu einer raschen Entvölkerung des Gebietes. Da es kaum spätere Neuansiedler gab, die die Steine der alten Häuser als Baumaterial wiederverwerteten, präsentieren sich viele dieser »Toten Städte« noch als nahezu komplett erhaltene aufgelassene Siedlungen, die in vielen Fällen auch noch die antiken Installationen zur Ölpressung und -lagerung aufweisen. Auch zahlreiche bedeutende Kirchenbauten, darunter als monumentalstes Beispiel der Sakralbau an der Wirkungsstätte des Säulenheiligen Simeon, bezeugen die einstige Prosperität des Landstrichs.

83 Kirche von Baqirha aus dem Jahre 518. Im Hintergrund der Djabal Sheich Barakat, der antike Mons Koryphaios, auf dessen Bergspitze ein wichtiges Zeus- bzw. Baalheiligtum lag, welches mindestens auf das 1. Jh. n. Chr. zurückgeht.

84-86 Die Haupteingangsseite zur Kirche des Simeonsklosters (86). Kreuzförmiger Grundriß und zentrales Oktogon rücken die Säule in das Zentrum, auf der Simeon zuvor 30 Jahre seines Lebens verbracht haben soll (84). »Windbewegte« Kapitelle verdeutlichen die ornamentale Qualität des Baues (85).

87 Dreistöckige Fassade einer Herberge, eines sog. Pandocheion, in Deir Siman. Der unterhalb des Simeonsklosters gelegene Ort bestand aus einer ganzen Anzahl von Unterkunfthäusern und Kirchen sowie Klöstern, die den Pilgerscharen eine Bleibe boten.

88 Die Taufkirche von Simkhar im nördlichen Kalksteinmassiv. Der nur nach längerem Fußmarsch erreichbare Ort liegt versteckt in einer Feuchtigkeit spendenden Senke zwischen heute unwirtlichen Kalksteinbergen.

89 a-b Fassaden von Wohnhäusern in Simkhar.

90 Sheich Sleman mit der Marienkirche am Südrand des antiken Dorfes. Zwischen Kirche und westlichem Vorbau steht noch das antike Atrium. Noch zwei weitere Kirchen am Ort zeugen von frommer Stifterfreudigkeit.

91 Der Wohn- oder Wehrturm von Sheikh Sleman aus frühchristlicher Zeit.

92 Mschabbak, die besterhaltene Säulenbasilika der »Toten Städte«, stand immer allein in freier Landschaft ohne ein zugehöriges Dorf.

93 Die Weitarkadenbasilika von Qalb Lhose aus dem 5. Jh., eine der schönsten und bedeutendsten Kirchen des Kalksteinmassivs.

94 a-b Beispiel frühchristlicher Bauornamentik und Darstellung eines Säulenheiligen an der Kirche von Qalb Lhose.

95 Der dem Zeus Bomos geweihte Tempel von Burdj Baqirha aus dem 2. Jh. n. Chr.

96 Beduinenzelt in Dar Kita. Die verlassenen Ruinenstädte werden von Beduinen im Frühjahr oftmals saisonal oder auch für immer aufgesucht und damit »wiederbelebt«.

97 Kirche des Markianos Kyris aus dem Jahre 390 in Babiska.

98 Tür in der Moses und dem hl. Paul geweihten Kirche des Markianos Kyris in Dar Kita (418 n. Chr.).

99 Ein einzelner Fensterbogen vom Langschiff der Klosterkirche von Turmanin blieb von der ehemals prachtvollen Klosterkirche erhalten.

100 Reiches Beispiel spätantiker Bauornamentik von einem Türsturz der Klosterkirche Turmanin am Rande der fruchtbaren Ebene von Dana.

101 Der »Bazar« von Baude, einer Ansiedlung des 5. bis 6. Jhs., die fast ausschließlich aus Ladenzeilen zum Verkauf und Handel von Gütern besteht, oberhalb der Straße Antiochia – Chalkis bzw. Beroia.

102 Serdjilla. Frühchristliche Sarkophage in der Nekropole.

103 Serdjilla. Fassade eines doppelstöckigen Wohnhauses mit Hofareal; mehrere Wohnungen lagen hier reihenhausartig nebeneinander und öffneten sich mit einer doppelstöckigen Veranda auf die Eingangsseite. Noch bis vor kurzem lebte in diesem 1500 Jahre alten Gebäude zeitweilig eine Beduinenfamilie.

104 Serdjilla. Ansicht einer der besterhaltenen Ruinenstädte des gesamten Kalksteinmassivs mit der Badeanlage und dem »Café«, einem antiken Versammlungshaus.

Vorherige Seiten:

105 Al-Barah. Pyramidengrab des 6. Jhs. n. Chr. Das antike Kapropera war wichtigster Zentralort des südlichen Kalksteinmassivs. Hohe kirchliche Würdenträger oder durch Olivenanbau zu Reichtum gelangte Grundbesitzer werden hier bestattet worden sein.

106 Innenraum des Pyramidengrabes von al-Barah mit Sarkophagen frühchristlicher Zeit.

107a-b Firqiya. Grab vermutlich aus dem 4. Jh. n. Chr. mit reichen Reliefdarstellungen.

108 Jerade im südlichen Kalksteinmassiv mit einem Wohnturm und einem Konglomerat weiterer großer Gutshöfe aus dem 5. und 6. Jh.

109 Ruweha. Das nahezu tadellos erhaltene Tempelgrab von Bassimas und Mathbabea. In dem kleinen antiken Dorf mit einer bedeutenden Weitarkadenbasilika und einigen Gutshöfen haben sich noch zwei weitere ähnlich gut erhaltene Grabbauten erhalten.

Die syrische Steppe und Palmyra

Nur einem einzigen Wasservorkommen, der Efqa-Quelle, verdankt die Großoase Palmyra mit ihren eindrucksvollen Palmenhainen inmitten der syrischen Steppe ihre Existenz. Schon die steinzeitlichen Jäger schätzten, wie Funde in den Höhlen der Umgebung aufzeigen, den seinerzeitigen Wildreichtum der Region. Als »Tadmor« erscheint die Oase in altvorderasiatischen Keilschrifttexten. Ihre Blütezeit erlebte sie jedoch in hellenistischer und römischer Zeit, als sie an der Schnittstelle zwischen Orient und Okzident lag. Einerseits konnte die Bevölkerung aus dieser Grenzsituation – Palmyra war wichtigste Zwischenstation im Ost-West-Handel – wirtschaftlichen Profit ziehen, was sich in zahlreichen monumentalen Prachtbauten niederschlug, andererseits wurde die Oase machtpolitisch immer wieder in die Interessenskonflikte zwischen dem römischen Reich und dessen östlichen Nachbarreichen, zunächst den Parthern, dann den Sassaniden, hineingezogen. Legendär ist die Persönlichkeit der palmyrenischen Herrscherin Zenobia, die versuchte, sich – letztendlich jedoch vergeblich – dem römischen Einfluß zu entziehen. Heute präsentiert sich der Ort als eine umfangreiche Stadtruine, in der vor allem der Bel-Tempel und die zentrale Kolonnadenstraße, aber auch das Tal der Grabtürme beeindrucken.

110 Die Oasenstadt Palmyra mit der beherrschenden, auf den Beltempel zuführenden Säulenstraße.

111 a-b Rechts die Konsole einer nicht mehr erhaltenen Ehrenstatue an der Säulenstraße von Palmyra. Senat und Rat der Stadt beschlossen jeweils, wem ein solcher Ehrenplatz zustand. Die Statuen selbst sind meistens nicht mehr erhalten und waren wohl oft aus Bronze, welche man später einschmolz, um das Material wiederzubenutzen. Links eine in Griechisch und Palmyrenisch abgefaßte Ehreninschrift für Zenobia.

112 Säulenstraße in Palmyra.

113 Palmyra. Blick über das Tal der Gräber zu den palmyrenischen Bergen.

114 Palmyra. Grabtürme des 1. Jhs. n. Chr. am Ausgang der Straße nach Emesa-Homs. In mehreren Etagen übereinander bergen sie teils Hunderte von Loculusschächten, in denen die Toten lagen. Zahlreiche palmyrenische Inschriften überliefern uns Namen und Lebensdaten der Bestatteten.

115 Palmyra. Langseite des Bel-Tempels, bei dem sich der Eingang entgegen üblicher architektonischer Gepflogenheit auf der Langseite gegenüber und nicht an einer Schmalseite befindet.

116 Palmyra. Hinter Dattelpalmen erhebt sich die Umfassungsmauer des Bel-Heiligtums, in dem Prozessionen und Opfergelage für die wichtigste Gottheit Palmyras stattfinden.

117 Palmyra. Ehrenbogen in der Säulenstraße; nach einer Vermutung könnten hierauf Reiterstandbilder aus der Familie Odeinaths und Zenobias gestanden haben.

118 Das Tetrapylon auf der Hauptkreuzung der Säulenstraße von Palmyra. Unter den von Säulen aus ägyptischem Rosengranit getragenen Dächern standen die Ehrenstatuen verdienter Palmyrener.

119 a-d Beispiele der reichen und lebendigen Architekturornamentik Palmyras. Vielfach setzte man in Palmyra Anregungen aus dem Textilbereich in steinernes Relief um, wie aus dem orientalischen Ornamentrepertoire überhaupt immer wieder zahlreiche Anregungen nach Europa weiterflossen.

120 Qasr al-Heir asch-Scharqi, umaiyadische Residenz des Kalifen Hischam in der Steppe Syriens. Zu der am Rande einer relativ feuchten Niederung gelegenen Anlage zählen eine 16 km lange Umfassungsmauer, Gärten, Karawanserei, Moschee und Palast.

121 Chan Manqura, römisches Kastell der Strata Diocletiana. Hier liegt eine der Stellen, wo die aus der arabischen Steppe kommenden Nomaden eine der zahlreichen Bergketten überschreiten konnten, um nach Westen zu ziehen.

122 Qasr Ibn Wardan. Kirche und Stabsgebäude aus der Zeit Kaiser Justinians am Rande der syrischen Steppe und Teil eines komplexen Verteidigungssystems der byzantinischen Provinz gegen die anrückenden Steppenvölker und Sassaniden.

123 Der Tempel von Isriye aus dem 3. Jh. n. Chr. Der Ort ist wichtige Brunnenstelle, Kreuzungspunkt und Militärposten in der mittelsyrischen Steppe. Der Tempel diente später als Festungsturm, Etappenstation und Zisterne, bis um ihn herum ein Beduinenfriedhof entstand.

124 Bauornamentik vom Tempel in Isriye, einem Beispiel, das wie kaum ein anderes den künstlerischen Übergang von der Antike zur frühchristlichen Zeit veranschaulicht.

125 Das Ruinenfeld in Resafa. Die Kraterlandschaft verdankt ihr Aussehen zusammengesunkenem Hausschutt zwischen höher anstehenden Steinmauern.

126 Das Nordtor in Resafa von innen. Die Zugangsportale Resafas gehören zu den architektonisch bedeutendsten Toranlagen des 6. Jhs.

127 a-b Resafa. Kapitelle in der Basilika des »Heiligen Kreuzes« mit spiegelverkehrter Inschrift des Sergios.

128 Resafa. Die Basilika des »Heiligen Kreuzes« war das Ziel der Pilgerscharen, die dort den Sarkophag des Märtyrers Sergios sehen und berühren konnten.

129 Zisterne in Resafa. Die kirchenschiffhohen Wasserspeicher wurden durch ein ausgeklügeltes Zuleitungssystem gefüllt. Die Monumentalität der Anlage sucht in Syrien ihresgleichen und erinnert bereits an die berühmten Wasserreservoirs in Byzanz selbst.

130 Resafa. Wehrgang der justinianischen Stadtmauer. Nach den Worten des Prokop von Caesarea ersetzte die mächtige Befestigung einen schwach ausgebauten Vorgänger, der lediglich marodierende Nomaden von Gelegenheitsraubzügen abhalten konnte, nicht jedoch ein wohlgerüstetes Heer.

Euphrat und Djazira

Im ostanatolischen Hochland, auf heutigem türkischen Staatsgebiet, entspringt der Euphrat, der mit rund 3380 Kilometern längste Fluß Vorderasiens, in zwei Quellflüssen, dem Murat und westlich davon dem Karasu. In seinem Oberlauf durchbricht er das Taurusgebirge, und wo er das heutige Syrien erreicht, staut sich seit 1978 hinter dem Damm bei Madinat ath-Thawra der künstliche Assadsee zurück. Die Anlage dieses Stauwehrs hat dazu geführt, daß die Region vor ihrer Überflutung intensiv archäologisch erforscht wurde: mit zum Teil sensationellen Ergebnissen wie – an der Stelle, wo sich der Euphrat am stärksten dem Mittelmeer annähert – der Freilegung der rund 6000 Jahre alten urukzeitlichen Siedlung von Habuba Kabira, die von einer architektonisch ausgereiften Stadtmauer umgeben war. In seinem Verlauf durch Syrien nimmt der Euphrat bei Raqqa bzw. östlich von Deir az-Zor die Nebenflüsse Balich und Chabur auf, die beide von Norden her einmünden, bevor er sich mit dem Tigris im heutigen Iraq zum Schatt al-Arab vereinigt und in den Persisch-Arabischen Golf mündet. Nicht nur die westliche Begrenzung Mesopotamiens, des »Zwischenstromlandes«, wird durch den Euphrat markiert, er bildete auch lange Zeit die durch Kastelle befestigte Ostgrenze des Römischen Reiches, den Orient-Limes.

131 Zenobia. Die Festung am Euphrat stellt das beeindruckendste Verteidigungswerk Justinians im Orient dar. Den Namen verdankt der Ort seiner angeblichen Gründerin Zenobia.

132 Der Grabturm des Priesters Ma'nu bei Sirrin aus dem Jahre 73 n. Chr., wovon uns eine altsyrische Inschrift berichtet. Über den beiden Grabkammern der unteren und oberen Etage erhob sich einst ein Pyramidendach.

133 Euphrattal mit Qala'at Nedjim (»Sternenburg«) aus aijubidischer Zeit an einem der wichtigsten Euphratübergänge Nordsyriens.

134-135 Morgendliche Stimmung am Euphratstausee beim Djabal Arouda.

136 Qala'at ar-Ruhba aus dem 13. Jh., der Zeit der Mongolenstürme.

137 Raqqa. Minarett der Moschee aus der Zeit Nur ad-Dins. An ihre Glanzzeit unter dem abassidischen Kalifen Harun al-Raschid erinnert in der schnell wachsenden einstigen »Perle des Euphrats« kaum noch etwas.

138 Dura Europos. Hellenistische Festung über dem Euphrat, umkämpft von Seleukiden, Parthern, Römern und Sassaniden. Die Kultur des Ortes brachte eine hochinteressante west-östliche Mischkultur hervor, wobei das orientalische Element stets dominierte.

139 Blick über das Stadtgebiet auf die Stadtmauer von Dura Europos. Seit den 20er Jahren forschen hier amerikanische, französische und syrische Archäologen.

140 Ain Divar. Mittelalterliche Brücke in einem heute verlandeten Gebiet neben dem Tigris am Länderdreieck Syrien–Iraq–Türkei.

141 a-f Ain Divar. Astrologische Reliefs der Tigrisbrücke: die Sternzeichen Zwillinge (a), Steinbock (b), Waage (c), Fische (d), Stier (e) und Schütze (f).

142 Tall Braq im Chaburdreieck. An diesem Ort wird eine der wichtigsten Tallgrabungen Syriens seit Jahrzehnten von Briten durchgeführt. Hier trat auch der berühmte »Augentempel« aus dem 4. Jtd. v. Chr. zutage.

143 Der Tigris bei Ain Divar.

Anhang

Ausgewählte Literatur

(hierüber ist alle weitere Literatur erreichbar)

Allgemein

R. Dussaud, Topographie de la Syrie antique et médiévale (1927).
Ph. K. Hitti, Syria – A Short History (1959).
Ph. K. Hitti, History of the Arabs (1970).
E. Wirth, Syrien. Eine geographische Landeskunde (1971).
Land des Baal. Syrien – Forum der Völker und Kulturen, Ausstellungskatalog Berlin 1982 (1982).
Ebla to Damascus. Art and Archaeology of ancient Syria, Ausstellungskatalog Washington 1985 (1985).
Syrie. Mémoire et Civilisation, Ausstellungskatalog Paris 1993 (1993).
L'Eufrate e il tempo. Le civiltà del medio Eufrate e della Gezira siriana, Ausstellungskatalog Rimini 1993 (1993).

Altvorderasiatische Epoche

H. Klengel, Geschichte Syriens im 2. Jahrtausend v. u. Z., 3 Bde. (1965–70).
W. Orthmann, Der Alte Orient, Propyläen Kunstgeschichte Bd. 18 (Nachdr. 1985).
H. Klengel, Kulturgeschichte des Alten Vorderasien (1989).
Ebla. Alle origini della civiltà urbana, Ausstellungskatalog Rom 1995 (1995).

Antike

M. de Vogüè, Syrie centrale – architecture civile et réligieuse du Ier au VIe siècles, 2 Bde. (1865–77).
H. C. Butler, Architecture and other Arts (1904).
H. C. Butler – F.A. Norris – D. Magie – E. Littmann – D.R. Stuart – W.K. Prentice, Syria. Publications of the Princeton University Archaeological Expeditions to Syria in 1904–5 and 1909 (1907–1910).
G. Tchalenko, Villages antiques de la Syrie du Nord, 3 Bde. (1953–1958).
G. Downey, A History of Antioch in Syria (1961).
Palmyra. Geschichte, Kunst und Kultur der syrischen Oasenstadt, Ausstellungskatalog Linz 1987 (1987).
J.-M. Dentzer – W. Orthmann (Hrsg.), Archéologie et Histoire de la Syrie II. La Syrie de l'époque achéménide à l'avènement de L'Islam (1989).
E. Will, Les Palmyréniens. La venise de sable (1992).
F. G. Millar, The Roman Near East 31 B.C.-337 A.D. (1993).
Syrien. Von den Aposteln zu den Kalifen, Ausstellungskatalog Linz 1993 (1993).
A. Schmidt-Colinet (Hrsg.), Palmyra – Kulturbegegnung im Grenzbereich (1995).

Islamische Zeit

K. A. C. Creswell, Early Muslim Architecture I–II (1940; 1960).
M. Müller-Wiener, Castles of the Crusaders (1966).
U. Haarmann, Geschichte der arabischen Welt (1987).
La Syrie de Byzance à l'Islam. VIIe-VIIIe siècles, Actes du Colloque International Lyon-Paris 1990 (1992).

Reiseführer

Les Guides Bleus. Moyen Orient (1956).
H. Frank, Reise Handbuch Syrien – Schauplatz der Geschichte (1989).
J. Odenthal, DuMont Kunst-Reiseführer Syrien (6. Aufl. 1992).
R. Burns, Monuments of Syria (1992).
W. Ball, Syria – An Historical and Architectural Guide (1994).
G. Rotter, Syrien, Edition Erde Reiseführer (1995).

Zeittafel zur Geschichte Syriens

Zeit	Syrien	Ausland
bis ca. 10 000	**Paläolithikum (Altsteinzeit)**	
ca. 10 000–8500	**Mesolithikum (Mittelsteinzeit)**	
ca. 8500–4000	**Neolithikum (Jungsteinzeit)**	
ca. 4. Jtd.	**Chalkolithikum (Stein-Kupfer-Zeit)**	
	Sumerischer Einfluß	**Mesopotamien:**
ca. 2. Hälfte des 4. Jtds.	*Habuba Kabira, Tall Braq*	**Uruk- und Djemdet-Nasr-Zeit**
ca. 1. Hälfte des 3. Jtds.	**Frühsyrische Zeit** Erste Blüte von *Mari* und *Ebla* *Byblos (Gubla)* steht unter Einfluß der Pharaonen des Alten Reiches	**Frühdynastische Zeit** Sumerische Stadtstaaten
ca. 2470–2338	Sargon v. Akkade zerstört *Mari* und *Ebla*	**Akkade-Zeit**
ca. 2338–2112		Fremdherrschaft der **Gutäer**
ca. 2112–2004	Gegen Ende des 3 Jtds. gewinnen die **Amurru (Amoriter)** an Einfluß	**Ur-III-Zeit** (»Neusumerische Renaissance«)
ca. 1. Hälfte des 2. Jtds.	**Altsyrische Zeit** Blüte von *Mari*; dessen letzter König Zimrilim wird von Hammurabi besiegt Königreich *Jamchad* mit der Hauptstadt Halab (Aleppo) *Byblos* steht unter Einfluß der Pharaonen des Mittleren Reiches Murschili I. zerstört *Halab (Aleppo)* und *Ebla*	**Isin-Larsa-Zeit** **Altbabylonisches und Altassyrisches Reich:** Hammurabi von Babylon besiegt Schamschi-Adad I. von Assyrien Murschili I. erobert Babylon
ca. 2. Hälfte des 2. Jtds.	**Mittelsyrische Zeit** Syrienfeldzüge Thutmosis' III. (1479–1426)	**Mitanni-Reich (Hurriter)** in Babylonien und Nordsyrien Amenophis III. und IV. unterhalten diplom. Bez. mit Mitanni
1375–1047	Schlacht von Qadesch zwischen Ramses II. und dem Hethiterkönig Muwatalli; Friedensschluß zwischen Ramses II. und Hattuschili III.	**Mittelassyrisches Reich** Assur erobert Mitanni **Mittelbabylonisches Reich** **Kassitenherrschaft**
um 1200	Ramses III. kämpft gegen die Seevölker	Tiglatpileser I. (1114–1076) erobert Babylon
11./10. Jh.	unabhängige **Aramäerfürstentümer** sowie Ammoniter, Moabiter, Edomiter und Hebräer/Israeliten	Assyrische und ägyptische Schwächeperiode
1. Jtd.	An der Küste **phönikische Stadtstaaten** Im Landesinneren Reich von *Aram* (Damaskus) Königreich Israel unter David und Salomon	
883–612	**Neusyrische Zeit** Salmanassar III. besiegt 853 syrische Koalition unter Führung von Damaskus Adad-Nirari III. unterwirft Syrien erneut Syrien wird endgültig assyrische Provinz	**Neuassyrisches Reich** Salmanassar III. (859–824) Adad-Nirari III. (805–783) Sargon II. (721–705) Meder und Babylonier erobern zwischen 614 und 612 das Neuassyrische Reich
625–539	Nebukadnezar II. erobert 586 *Jerusalem*	**Neu- bzw. Spätbabylonisches Reich**
559–330	**Achämenidenherrschaft** Syrien wird 5. Satrapie des Perserreichs unter Dareios I. (521–486)	Kyros II. (559–530) unterwirft Babylon und die Meder
336–323	Syrien ist Teil des **Reichs Alexanders d. Gr.**	Dareios III. unterliegt 333 Alexander d. Gr. bei Issos
	Seleukidenzeit Nach dem Tod Alexanders fällt Syrien an die Seleukiden mit der Hauptstadt Antiochia *Edessa:* Abgariden in der Osrhoene spalten sich ab *Emesa (Homs)* wird selbständiges Fürstentum In der *Biqa'a-Ebene* bilden die Ituräer ein selbständiges Kleinreich	Südsyrien und Palästina sind Zankapfel zwischen den Seleukiden und den Ptolemäern **Parther** 247: Abspaltung des Partherreichs von den Seleukiden Antiochos III. entreißt den Ptolemäern Palästina In Palästina etabliert sich die hasmonäische Makkabäer-Dynastie
83–66	Tigranes III. von Armenien erobert Nordsyrien, muß dieses an Rom abtreten	Pompeius löst 64 das Seleukidenreich auf
63	**Römische Fremdherrschaft**	Judäa wird Teil der Provinz Syria
53	Lucullus verliert bei Carrhae/Harran gegen die Parther	
27	Augustus stationiert 3 Legionen in Syrien	
4 v. Chr.		Lucius Varus schlägt jüdischen Aufstand nieder
6 n. Chr.		Judäa wird selbständige römische Provinz
106	Gründung der Provinz Mesopotamia	Trajan (98–117)
	Aufgabe der Provinz Mesopotamia durch Rom	Hadrian (117–138)
193–211	Septimius Severus heiratet Iulia Domna aus Emesa; gründet erneut die Provinz Mesopotamia	Septimius Severus (193–211)

Zeit	Syrien	Ausland
218–222	Mit Elagabal besteigt ein Kaiser aus Syrien (Homs) den Thron	
224		Ardaschir I. beendet mit seinem Sieg über Artaban V. das Partherreich und begründet das **Sassanidenreich**
244		**Sassaniden** Kaiser Gordian III. fällt gegen Schapur I.
244–249	Mit Philippus Arabs besteigt ein Kaiser aus Schahba den Thron	
260		Kaiser Valerian gerät in sassanidische Kriegsgefangenschaft
260–268	Septimius Odeinath aus Palmyra interveniert zugunsten Roms gegen die Sassaniden. Nach dessen Tod führt seine Frau Zenobia die Regentschaft für den minderjährigen Vaballath	Gallienus (260–268)
260–268	Aurelian kämpft erfolgreich gegen die Unabhängigkeitsbestrebungen Zenobias	
306–337		Konstantin d. Gr. verlegt die Reichshauptstadt nach Konstantinopel
	Islamische Periode	
ca. 570–632		Mohammed wirkt als Prophet und begründet den Islam
632–634		Abu Bakr wird erster Kalif
636	Heraklios unterliegt am Jarmuk einem muslimischen Herr in einem Sandsturm	
634–644	Muawiyah wird Provinzgouverneur in Syrien, nachdem die Moslems die Byzantiner vertreiben konnten	Umar wird zweiter Kalif
644–656		Uthman wird dritter Kalif
656–661	Ali (vierter Kalif) kämpft mit Muawiyah um die Vorherrschaft in Syrien	
692		Muawiyah besiegt bei Mekka die Schiiten unter Ibn al-Zubayr
661–750	**Umaiyaden** Das neue moslemische Reich wird von Damaskus aus regiert	
750	Marwan II. verliert gegen die Abbassiden	
750–861	**Abbassiden**	
754–775		Al Mansur verlegt die Hauptstadt nach Baghdad
786–809	Harun al-Raschid residiert in *Raqqa* am mittleren Euphrat	
	Abspaltung der **Tuluniden** (868–905), **Ichschiden** (935–969), **Hamdaniden** (944–1103) vom Abbassidenreich	
969–1171	**Fatimiden**	
969	Die Fatimiden lösen die Ichschiden ab und beherrschen von Ägypten aus Südsyrien; Nordsyrien untersteht den Hamdaniden in *Aleppo*	
1071	**Seldschuken**	Der Seldschuke Alp Arslan schlägt ein byzantinisches Heer bei Mazikert. Byzanz verliert Kleinasien
1084	Seldschuken vertreiben Byzantiner aus Antiochia	
1095		Papst Urban II. ruft zum Kreuzzug auf
1097	Seldschukenemire herrschen über Antiochia, Aleppo und Damaskus; Fatimiden beherrschen nurmehr die palästinensische Küste	
1098	Kreuzfahrer erobern Jerusalem	
1144	**Zangiden** Imad ad-Din Zangi entreißt den Byzantinern Edessa	
1154	Nur ad-Din Mahmud erobert Damaskus	
1171–1250	**Aiyubiden**	
1171–1193		Saladin löst in Kairo den letzten Fatimidenherrscher ab
1187	Saladin erobert Jerusalem	
1192	im 3 Kreuzzug wird *Akko* zurückerobert	
1193	Tod Saladins	
Mitte des 13. Jhs.	**Mamluken**	Die Mamluken lösen in Kairo die Aiyubiden ab
1260–1277	Der Mamlukensultan Baybars entreißt den Kreuzfahrern 1268 *Antiochia*, 1271 den Craq des Chevaliers	
1302	Die letzten Kreuzfahrer sind aus Syrien und Palästina vertrieben	
1400	Timur Lenk (Tamerlan) erobert *Aleppo* und *Damaskus*	
1516–1922	**Osmanische Zeit**	
1516	Selim I. besiegt den Mamluken Qansawh al-Ghawri	
	Syrien wird in drei osmanische Provinzen aufgeteilt	Der Libanon erhält Sonderstatus
ca. 2. Hälfte des 18. Jhs.	Reiche Bautätigkeit in Damaskus unter den osmanischen Gouverneuren der Azm-Familie	
1877	Die fliehenden moslem. Tscherkessen finden Aufnahme in Syrien, ebenso später die christlichen Armenier	Niederlage der Osmanen gegen das Zarenreich
1916	Großbritannien und Frankreich teilen den Nahen Osten im geheimen Sykes-Picot-Abkommen auf: Syrien geht an Frankreich	
1918	T. E. Lawrence (Lawrence von Arabien) erobert mit arabischen Truppen Damaskus. Frankreich und England besetzen den Libanon	
1920	Faisal wird von syrischen Nationalisten zum König eines unabhängigen Groß-Syrien (Palästina, Transjordanien, Libanon und Syrien) proklamiert, jedoch von Frankreich vertrieben, das in San Remo das Völkerbundmandat über Syrien erhält	
1. Januar 1944	Nach der offiziellen Aufhebung des französischen Mandats wird Syrien unabhängig	

Register

Die geraden Ziffern beziehen sich auf die Seitenzahlen, die *kursiven* auf die Abbildungs*nummern* (röm. Ziffern im Textteil, arab. Ziffern im Bildteil).